W0198548

Lazarus

Essentials

Peter Wolfinger

[PWP]

Impressum

1. Auflage

Copyright © Peter Wolfinger, Oettingen i. Bay.

Alle Rechte vorbehalten.

ISBN: 9-781983-045080

Autor: Peter Wolfinger
Am Weinberg 20
86732 Oettingen i. Bay.

Internet: www.pwp-verlag.com

Mail: info@pwp-verlag.com

Erstellt: mit LibreOffice 6 für Linux

Über dieses Buch

Alle Rechte vorbehalten. Kein Teil des Werkes darf in irgendeiner Form (Druck, Fotokopie, Mikrofilm oder einem anderen Verfahren) ohne schriftliche Genehmigung des Autors reproduziert oder unter Verwendung elektronischer Systeme verarbeitet, vervielfältigt oder verbreitet werden.

Dieses Buch wurde mit großer Sorgfalt erstellt und geprüft. Trotzdem können Fehler nicht vollkommen ausgeschlossen werden. Der Autor kann für fehlerhafte Angaben und deren Folgen weder eine juristische Verantwortung noch irgendeine Haftung übernehmen. Wenn nicht explizit an anderer Stelle des Werkes aufgeführt, liegen die Copyrights an allen Texten, Screenshots und Abbildungen beim Autor.

Sollte es trotz intensiver Recherche nicht gelungen sein, alle weiteren Rechteinhaber der verwendeten Quellen und Abbildungen zu finden, bitten wir um kurze Nachricht an den Autor.

Die in diesem Buch und in den abgebildeten bzw. zum Download angebotenen Dateien genannten Personen und Organisationen, Adress- und Telekommunikationsangaben, Bankverbindungen etc. sind frei erfunden. Eventuelle Übereinstimmungen oder Ähnlichkeiten sind unbeabsichtigt und rein zufällig.

Das Buch enthält unter Umständen Verweise auf Webseiten Dritter. Diese Webseiten unterliegen der Haftung der jeweiligen Betreiber, der Autor hat keinerlei Einfluss auf die Gestaltung und die Inhalte dieser Webseiten.

Sollten Sie die Inhalte nicht mehr unter den angegebenen Adressen finden, sind diese eventuell inzwischen komplett aus dem Internet genommen worden oder unter einer neuen Adresse zu finden.

Oettingen i. Bay. im Mai 2018

Inhalt

1 Vorwort

Nachdem Sie nun dieses Buch erworben haben, ist in Ihnen vermutlich der Gedanke erwachsen, Anwendungen selbst zu programmieren. Wenn Sie dafür *Lazarus* als Programmierumgebung einsetzen möchten, werden Sie sich mit der Programmiersprache *Pascal* bzw. *Object Pascal* befassen müssen.

Pascal bzw. *Object Pascal* ist nicht nur besonders gut als Lehrsprache geeignet, sondern bietet auch Profis alle Möglichkeiten, da der Funktionsumfang von *Object Pascal* mit dem von *C++* vergleichbar ist.

Pascal bzw. *Object Pascal* findet heute im universitären Bereich und in sicherheitskritischen Bereichen wie der Verkehrstechnik, Energieversorgung, Medizintechnik oder der Raumfahrt Anwendung. Dies beruht hauptsächlich auf der guten Prüfbarkeit und einfachen Wartung des Codes sowie der klaren Zuordnung der Variablen.

Die *Lazarus IDE* erinnert erfahrene Programmierer an die kostenpflichtige Programmierumgebung *RAD Studio* der Firma *Enbarcadero.* Zwei Punkte machen jedoch *Lazarus* für Anfänger und Profis gleichermaßen interessant: *Lazarus* steht kostenfrei zur Verfügung und *Lazarus* verfolgt den plattformübergreifenden Ansatz konsequent.

Während das *RAD Studio* ausschließlich unter *Microsoft Windows* ausgeführt werden kann und der Compiler eine plattformübergreifende Lauffähigkeit der kompilierten Anwendungen nicht ermöglicht, kann *Lazarus* selbst auf den unterschiedlichsten Plattformen gestartet werden: auf verschiedenen Versionen von *Microsoft Windows*, *macOS* und verschiedenen *Linux*-Distributionen um dafür Anwendungen zu entwickeln.

Dieses Buch, welches sie nun in Händen halten, soll sowohl Anfängern den Einstieg in die Programmierung mit *Pascal*, als auch Umsteigern von anderen Sprachen (z.B.: *C#* oder *Java*) einen schnellen Einstieg in diese Programmiersprache ermöglichen. Gleichzeitig sollen Sie erfahren, wie die Entwicklung von modernen Anwendungen mit der Programmierumgebung *Lazarus* vonstatten geht. Um dies zu gewährleisten, teilt sich das Buch in drei Bereiche auf:

Begriffe, Einsatzbereiche und Installation

Der erste, kurze Abschnitt erklärt Begrifflichkeiten wie *IDE*, *RAD*, *CLI* und *GUI*.

Zudem wird Ihnen gezeigt, welche Software Sie benötigen, um auf Ihrem PC oder Notebook programmieren zu können, und wie Sie diese Software beziehen und installieren müssen.

Die Programmiersprache Pascal / Object Pascal

Neben der Einführung in die Sprache *Pascal* bzw. *Object Pascal* werden im zweiten Abschnitt grundlegende Prinzipien der allgemeinen Software-Entwicklung anhand von praktischen Beispielen vermittelt.

Dieser Abschnitt erläutert viele Features der Sprache *Pascal* und ihrer Syntax, setzt dabei aber keine grundlegenden Kenntnisse voraus.

Die RAD Umgebung Lazarus

In diesem Abschnitt geht es um die Programmierumgebung von *Lazarus*. Es soll ein Einstieg in die Entwicklung graphischer Oberflächen und den damit verbundenen Programmiertechniken gegeben werden, die allerdings das Verständnis von *Pascal* voraussetzen.

Weiterhin werden der Aufbau und die dahinter liegenden Prinzipien der graphischen Klassenbibliothek *LCL* (*Lazarus Component Library*) im Ansatz erläutert.

2 Begriffe, Einsatzbereiche, Installation

2.1 GUI bzw. CLI

Es ist immer mal wieder die Rede von einer *GUI* oder auch von einem *CLI* (oder auch CMD) Tool. Was kann man darunter verstehen ?

Graphische Benutzeroberfläche

GUI ist die Abkürzung für *Graphical User Interface*. Oder anders gesagt eine Software die grafische anstatt rein Text basierte Ausgaben macht. Moderne Anwendungen kommen meist in einer graphischen Benutzeroberfläche daher.

Kommandozeilen-Tool

CLI steht für *Command Line Interface*. Hierbei handelt es sich um eine Software, die im reinen Textmodus arbeitet und üblicherweise in einer Kommandozeile (Shell) gestartet wird. Unter Windowssystemen wird die Kommandozeile oft als *DOS-Box*, unter Linuxsystemen als *Terminal* bezeichnet.

Systemprogramme werden häufig als Kommandozeilen-Tool umgesetzt. Der Vorteil gegenüber GUI-Anwendungen liegt darin, dass Kommandozeilen-Programme besser in Batch-Skripte eingebaut werden können.

2.2 Object Pascal

Pascal wurde Anfang der 1970er Jahre von *Prof. Niklaus Wirth* an der Hochschule Zürich als imperative Programmiersprache entwickelt. Die Sprache war zunächst als Lehrsprache konzipiert um Studenten in die strukturierte Programmierung einzuführen.

Seine große Verbreitung in der professionellen Programmierung fand *Pascal* später als *Turbo Pascal* der Firma *Borland* in einer wesentlich erweiterten und verbesserten Version.

Object Pascal (oft auch *Delphi* genannt) ist eine um die objektorientierte Programmierung erweiterte Variante der Programmiersprache *Pascal*.

Die wichtigsten Dinge aus dem zugrunde liegenden *Pascal* sind nach wie vor enthalten, allerdings hat sich die Sprache stark weiterentwickelt.

Der Funktionsumfang von *Object Pascal* ist vergleichbar mit dem von *C++*, *C#* oder *Java*, wobei sich die Syntax stark von diesen Sprachen unterscheidet.

Jedoch müssen auch hier Variablen deklariert und einem Datentyp zugeordnet werden. Wie in vielen anderen Programmiersprachen werden mehrere Befehle durch Semikolon (;) getrennt. Im Gegensatz zu *C*, *C++*, *C#* oder *Java* unterscheidet *Object Pascal* jedoch nicht zwischen Groß- und Kleinschreibung. Während `zahl1` und `Zahl1` in *C*, *C++*, *C#* oder *Java* unterschiedliche Variablen sind, sind sie für *Object Pascal* gleich.

In dieser Hinsicht braucht der Entwickler also nicht so viel Disziplin beim Programmieren. Leerzeichen und Leerzeilen können auch hier verwendet werden, um die Übersichtlichkeit im Code zu erhöhen.

2.3 Lazarus

Der Projektname *Lazarus* basiert auf dem Namen der biblischen Figur Lazarus (hebr. "Gott hat geholfen"). Nachdem das Projekt *Megido* im Jahre 1999 scheiterte, starteten die Entwickler ein neues Projekt namens *Lazarus*, welches eine visuelle Programmierumgebung für den *Free Pascal Compiler* zum Ziel hatte.

2.3.1 Die IDE

Die Programmierumgebung *Lazarus* ist eine integrierte Entwicklungsumgebung (IDE) für die Sprache *Object Pascal*.

IDE bedeutet, dass die Werkzeuge, welche zur Software-Entwicklung benötigt werden, wie Editor, Designer, Compiler und Debugger, in einer einzigen Programierumgebung integriert sind. Ein Arbeiten ist dadurch ohne Medienbruch möglich.

Das Backend der *Lazarus* IDE bildet der *Free Pascal* Compiler (FPC). Diese Kombination aus Backend und integrierter Entwicklungsumgebung ist vergleichbar mit *Microsoft Visual Studio* oder *Enbarcaderos RAD Studio*.

Mit den neuesten Möglichkeiten des UI-Entwurfs, wie sie beispielsweise mit *Windows Presentation Foundation* möglich sind, kann *Lazarus* zwar nicht mithalten, für Standardaufgaben kann ein Verzicht darauf jedoch auch ein Vorteil sein, denn Sie gewinnen an Effektivität. Der *Free Pascal Compiler* erzeugt binären Code, der direkt ohne Zwischenschicht auf der jeweiligen Zielplattform lauffähig ist und dadurch wesentlich performanteren Code erzeugt, als dies mit *Java* oder *C#* möglich wäre.

Das Ergebnis ist nämlich ein effizienter, hochoptimierter nativer Maschinencode. Ganz im Gegensatz zu *Java*- oder *C#*-Entwicklungsumgebungen, die Bytecode produzieren, welcher erst von einer Laufzeitumgebung (*JRE* oder *.Net*) interpretiert werden muss oder vom einem *JIT*-Compiler in wenig optimierten Code umgewandelt wird.

Bei der Ausgestaltung der IDE orientiert sich *Lazarus* stets an *Embarcaderos Delphi* (ehemalig *Borland Delphi*), im Gegensatz zu anderen integrierten Entwicklungsumgebungen für Pascal, welche eine an *Turbo Pascal* angelehnte Oberfläche besitzen.

Zudem ist die *Lazarus Component Library* (*LCL*) sehr ähnlich zur *Enbarcadero Delphis VCL* (*Visual Component Library*) aufgebaut. Die meisten Units, Klassen und Eigenschaften haben denselben Namen und dieselbe Funktionalität.

Auch für Entwickler proprietärer Software ist *Lazarus* geeignet, da die *LCL*-Komponentenbibliothek unter den Bedingungen einer modifizierten *LGPL* (*Lesser General Public License*) lizenziert wird (siehe: *https://www.gnu.org/licenses/lgpl-3.0.en.html*).

Lazarus ermöglicht sowohl die schnelle Entwicklung (*Rapid Application Development*, RAD) von Kommandozeilen-Tools (CLI), als auch die Erstellung von grafischen Bedienoberflächen (GUI).

Für die Entwicklung von GUI's bietet Lazarus derzeit Unterstützung für die Grafikbibliotheken von *Windows*, *Linux* (*GTK+* bzw. *GTK2*), *macOS* (*Qt*, *Carbon* und *Cocoa*), *Windows CE* und *WinAPI* und somit einem hohen Abstraktionsgrad, was den erzeugten Code in Verbindung mit *Free Pascal* in einem hohen Grad plattformunabhängig macht.

Somit ist es für jeden Software-Entwickler reizvoll, ein Software-Produkt in einem Betriebssystem zu erstellen (z. B. *Windows*) und es mit *Lazarus* unter einem anderen Betriebssystem (z. B. *Linux* oder *macOS*) zu laden und erfolgreich zu einer lauffähigen Anwendung zu kompilieren.

Das *Lazarus*-Motto lautet: ***write once – compile anywhere***.

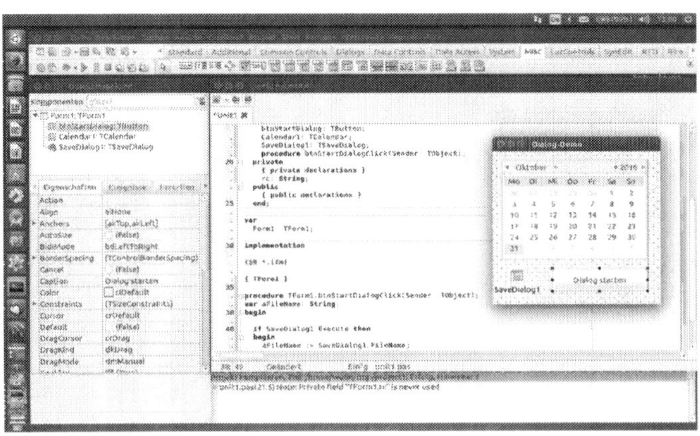

2.3.2 Der Free Pascal Compiler

Free Pascal (abgekürzt *FPC*) ist ein freier Compiler für die Programmiersprachen *Pascal* und *Object Pascal*.

Aktuell und stabil ist die Version 3.0.4. (Stand Mai 2018)

Der *Free Pascal* Compiler ist für viele Betriebssysteme wie *Windows*, *Linux*, *macOS*, *OS/2*, *ZETA* oder *Windows CE* und viele Rechner-Plattformen wie *Intel (x86)*, *AMD64*, *Sun Sparc*, *ARM* oder *PowerPC* verfügbar. Bei der Entwicklung von Anwendungen, welche mit dem *Free Pascal* Compiler übersetzt werden, ist man also nicht auf eine einzige Plattform festgelegt.

Der *Free Pascal* Compiler erzeugt direkt lauffähige Anwendungen die nicht auf ein bestimmtes Environment wie Java-Anwendungen (*JRE*) oder C#-Anwendungen (*.Net*) angewiesen sind.

Neben *Lazarus* steht mit *PascalGUI* eine weitere, kleine IDE für den *Free Pascal* Compiler zur Verfügung. Diese unterstützt die Entwicklung für das Betriebssystem *Android* auf Plattformen mit *ARM*, *Intel (x86)* und *MIPS* Prozessoren.

Zudem gibt es eine textbasierte IDE die *Borlands Turbo-Pascal 7* zum Verwechseln ähnlich sieht.

Für die Entwicklung von Desktop-Anwendungen mit graphischer Bedienoberfläche (GUI) ist jedoch *Lazarus* die IDE der Wahl.

2.4 Rapid Application Development (RAD)

Mit dem Ziel, den bisherigen, phasenorientierten Softwareentwicklungsprozess zu beschleunigen und flexibler zu gestalten, entwickelte *Barry Boehm* in den 1980er Jahren mit dem *Rapid Application Development* (RAD) ein prototypisches Vorgehensmodell. Berühmt wurde das *Rapid Application Development* aber erst Anfang der 1990er Jahre, als die von *James Martin* entwickelte Methode des *Prototyping* - welche auf eine iterative Entwicklung fußt, aufkam.

Im Gegensatz zu den klassischen Vorgehensmodellen – wie beispielsweise dem Wasserfallmodell, ist dieses Vorgehensmodell dazu geeignet, sich an schnell ändernde Anforderungen seitens des Auftraggebers anzupassen.

RAD regelt und steuert dabei die Softwareentwicklung mit Hilfe grafischer Werkzeuge wie GUI-Designer oder Mock-Up's. Wie bei vielen agilen Vorgehensmodellen ist auch hier das Spiralmodell die Grundlage von RAD bzw. dem Prototyping.

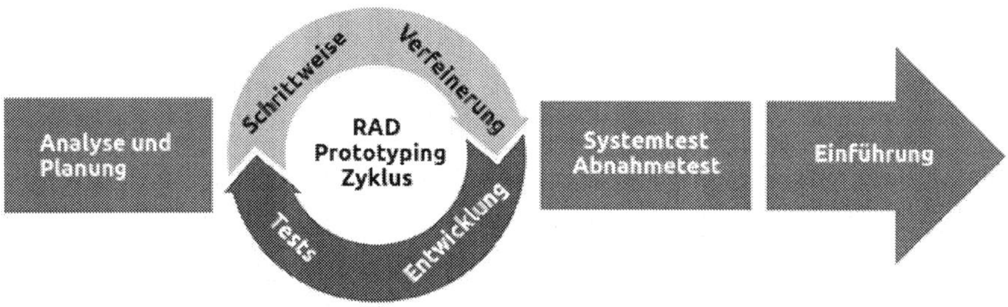

Bekannte Entwicklungsumgebungen (IDE) die RAD unterstützen sind Microsofts *Visual Studio* (bestehend aus *Visual C#* und *VB.Net*) und Embarcaderos *RAD Studio* (bestehend aus *Delphi* und dem *C++Builder*) für Windows. Für die Betriebssysteme *Windows, macOS* und *Linux* steht – wie Sie ja wissen, die freie Entwicklungsumgebung *Lazarus* zur Verfügung, welche sich an *Embarcaderos Delphi* orientiert.

Heute steht RAD für ein prototypisches Vorgehen, bei dem Anforderungen an eine Software gesammelt und möglichst schnell in ausführbaren Code umgesetzt werden.

Dieser wird dem Auftraggeber in einer relativ frühen Phase vorgelegt, um Missverständnisse bei den Anforderungen sowie hinzugekommene Anforderungen zu identifizieren.

Die Änderungen werden in einer weiteren Version implementiert und wiederum vorgelegt. Diese Zyklen werden so oft durchlaufen, bis der Auftraggeber mit der Software zufrieden ist und diese abnimmt.

Nun kann entweder jede Anforderung nacheinander umgesetzt werden (*vertikales Prototyping*), oder alle Anforderungen werden gleichzeitig, aber nur ansatzweise umgesetzt, um sie dann zyklisch zu verbessern (*horizontales Prototyping*).

Für den Fall, dass Sie mehr über Vorgehensmodelle oder IT-Projektmanagement im Allgemeinen erfahren möchten, sei Ihnen das Buch *IT-Projektmanagement* (ISBN: 9-781980-447818) empfohlen. Sie erhalten es ausschließlich im Amazon-Shop.

2.5 Installation

Installationspakete für das gewünschte Betriebssystem finden Sie jeweils im Internet unter

http://www.lazarus.freepascal.org/

Abhängig vom Betriebssystem kann hier das entsprechende Installationspaket geladen und installiert werden. Die Installation liefert den *Free Pascal* Compiler sowie die *Lazarus* IDE in aufeinander abgestimmten Versionen.

Aktuell sind derzeit *Lazarus* in der Version 1.8.2 und der *Free Pascal* Compiler in der Version 3.0.4 (Stand Mai 2018) verfügbar.

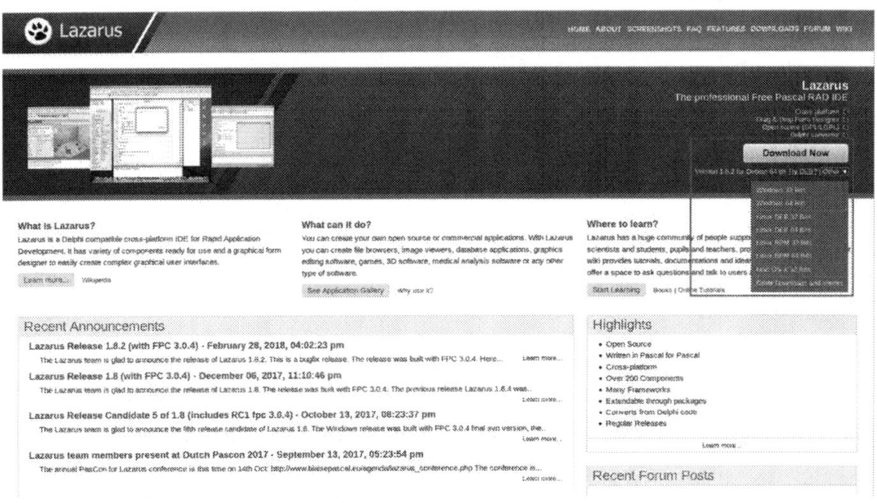

2.5.1 Installation unter Windows

1. Wie beschrieben kann *Lazarus* von der *Lazarus*-Homepage (siehe oben) heruntergeladen werden. Wählen Sie *Lazarus Windows 32 Bits* bzw. *Lazarus Windows 64 Bits* für 64-Bit-Windows-Versionen. Nehmen Sie im Zweifelsfall die 32-Bit-Version. Der Download kann - je nach Verbindung - eine Weile dauern (> 50 MB).

2. Rufen Sie das Setup auf und installieren Sie *Lazarus*. Die Voreinstellungen können Sie beibehalten (Vollständige Installation). Das Installieren kann auch wieder eine Zeit lang dauern (rd. 0,4 GB werden in der 32-Bit-Version installiert).

   Sie könnten die Zeit nützen, um sich auf der offiziellen *Lazarus*-Seite umzusehen.

3. Rufen Sie nun *Lazarus* über das Startmenü auf. Wer *Delphi* kennt, wird feststellen, dass *Lazarus* fast genauso aussieht.

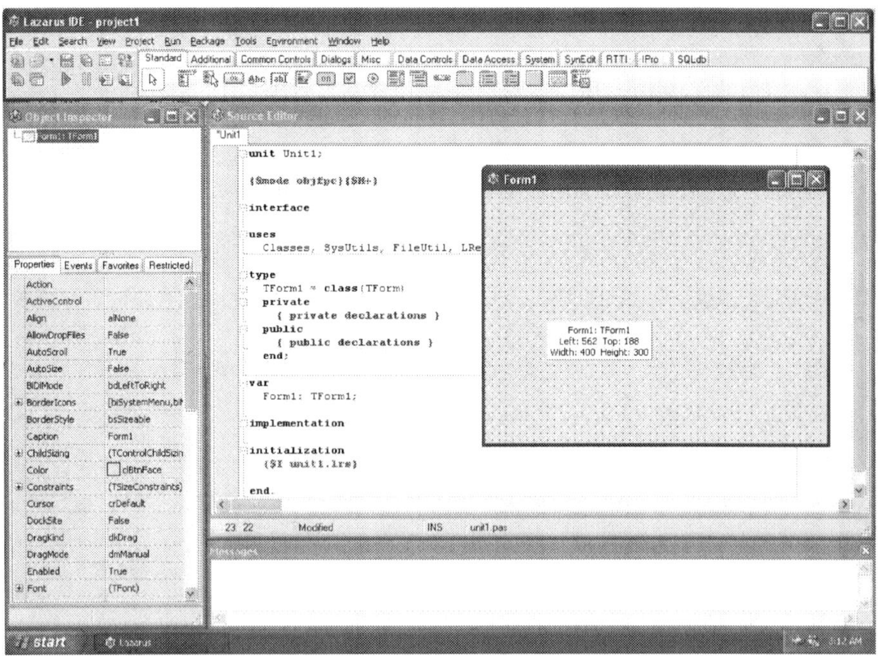

4. Dies sieht allerdings erst einmal kompliziert aus. Am besten, Sie schließen alle offenen Fenster (*Datei - Alle Editorfenster schließen*; dabei nichts speichern, Klick auf *Abbrechen*).

   Klicken Sie anschließend auf *Datei - Neu...* und wählen Sie unter *Project* den Punkt *Einfaches Programm*, danach *OK*. Falls Sie gefragt werden, das vorige Projekt nicht speichern.

5. *Lazarus* öffnet nun ein neues Textfenster und fügt bereits das Grundgerüst des Quellcodes ein. Speichern Sie am besten gleich Ihr Projekt und nennen Sie es *HalloWorld.lpi*. Lazarus hat daraufhin die erste Zeile in `program HalloWorld;` umgeändert.

   Löschen Sie den ganzen Text und tippen Sie das erste Programm (siehe unten) ab.

```
program HalloWorld;
USES Crt;
BEGIN
   Write ('hello, world!');
   ReadKey;
END.
```

6. Sie sehen auch gleich, wie es weiter geht. Klicken Sie links oben auf *Start* (grüner Pfeil). Daraufhin erscheint ein DOS-Fenster und zeigt den Text `hello, world!` an.

   Drücken Sie eine beliebige Taste, um das Fenster zu schließen.

2.5.2 Installation unter Linux

Die Beschreibung der Installation unter *Linux* bezieht sich auf *Ubuntu*-Linux Version 18.04. Dies sollte aber auf allen *Debian*- bzw. *Ubuntu*-Systemen, welche mit dem *Advanced Packaging Tool* (*apt*) operieren, gleichermaßen verlaufen.

Für die Ubuntu-Version 18.04 steht *Lazarus* Version 1.8.2 und der *Free Pascal* Compiler in der Version 3.0.4 jeweils als *apt*-Paket zur Verfügung.

1. Öffnen Sie hierfür ein Terminal-Fenster (Eingabeaufforderung) und aktualisieren Sie die bereits installierten Pakete mit dem Kommando:

```
sudo apt-get update
```

2. Unter *Linux* müssen Sie *Free Pascal* extra installieren. Auch hier können Sie das *apt*-Tool verwenden:

```
sudo apt-get install fpc
```

3. *Free Pascal* ist damit installiert. Nun ist *Lazarus* an der Reihe. Hier ist Ihnen ebenfalls das *apt*-Tool behilflich:

```
sudo apt-get install lazarus
```

   Bestätigen Sie mit *J* (ja). Fertig. *Lazarus* ist installiert. Einfacher als unter *Windows*.

   Starten Sie *Lazarus* mit:

```
lazarus-ide-1.8.2
```

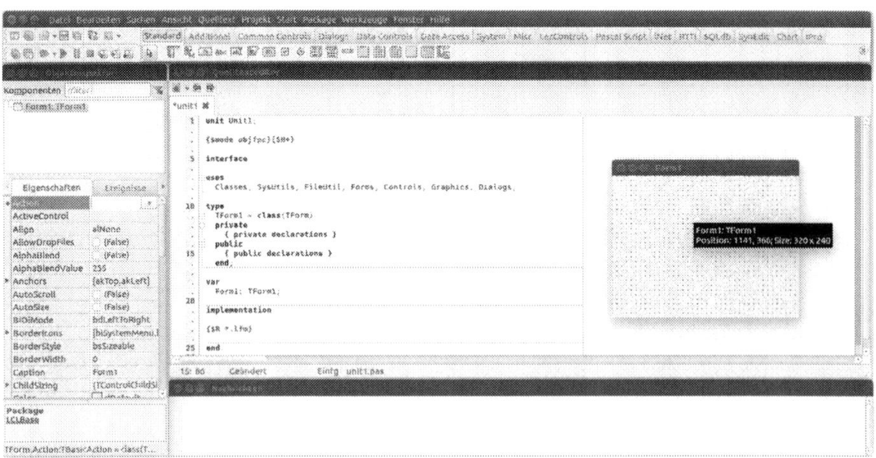

Beim ersten Start kann *Lazarus* evtl. das *Free-Pascal*-Quelltextverzeichnis noch nicht finden. Klicken Sie auf *Übergehen* und anschließend auf *Werkzeuge - Einstellungen - Umgebung.*

Tragen Sie dann den Pfad bei *FPC-Quelltextverzeichnis* ein.

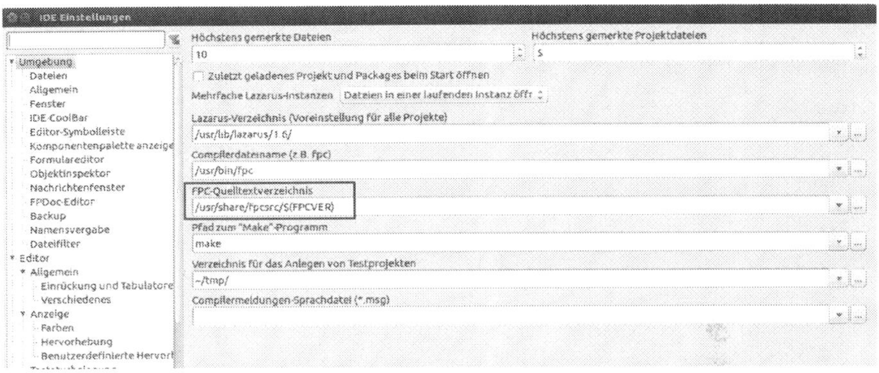

Fahren Sie, wie oben bei der Windows-Installation beschrieben, mit dem Punkt 4 fort, um Ihr erstes Programm zu erstellen.

Hinweis: Ggf. müssen Sie auch noch das *Make*-Verzeichnis und das Verzeichnis für das Erstellen von Testprojekten angeben.

Im letztgenannten Verzeichnis wird die lauffähige Datei Ihres Programms erstellt. Wechseln Sie in der Shell in dieses Verzeichnis und starten Sie das Programm über den Namen, z. B.

```
./HelloWorld
```

2.5.3 Programme in der IDE ausführen

Wählen Sie im Hauptmenü *Start* -> *Startparameter.* Aktivieren Sie dort das Kontrollkästchen *Startprogramm verwenden.* Damit wird, wenn Sie im Hauptmenü -> *Start* -> *Start* anklicken, die Konsolenausgabe des Programms angezeigt.

3 Die Programmiersprache

3.1 Aufbau

Anweisungen werden in einer Programmiersprache gegeben. Im Falle der RAD-IDE *Lazarus* ist dies die Programmiersprache *Pascal* bzw. *Object Pascal*.

Bevor Sie jedoch Ihre programmspezifischen Anweisungen schreiben können, muss Ihr Programm einen gewissen Grundaufbau haben. Das bedeutet, bevor Sie mit dem eigentlichen Programm anfangen können, müssen einige Anweisungen bereits vorhanden sein.

Sehen Sie sich zunächst den Grundaufbau an, der in einem *Pascal*-Programm immer vorhanden sein muss:

```
PROGRAM Name;
BEGIN

END.
```

Die erste Zeile ist optional, und somit nicht zwingend erforderlich, wenn auch stark empfehlenswert. Anstelle von *Name* sollte der Name Ihres Programms stehen. Das bedeutet, dass nur noch zwei Zeilen übrig bleiben, die unbedingt vorhanden sein müssen.

In der einen Zeile steht *BEGIN* und in der anderen *END.*. Achten Sie darauf, dass in den beiden Zeilen sonst nichts steht. Achten Sie auch darauf, dass die *END*-Anweisung an dieser Stelle mit einem Punkt (.) abgeschlossen werden muss.

Kommentare wären natürlich zulässig, aber mehr dazu später. Noch einmal zur Erinnerung: In Pascal ist es vollkommen egal, ob Sie Anweisungen groß oder klein schreiben.

In *Pascal* ist es auch egal, wie viele Leerzeichen zwischen den Bezeichnern stehen. Zur Demonstration hier noch einmal das Beispiel aus dem Kapitel Installation:

```
PROGRAM HalloWorld;
USES Crt;
BEGIN
   Write ('hello, world!');
   ReadKey;
END.
```

Leerzeichen werden vom Compiler mit Zeilenumbruchszeichen gleichgestellt. Es gibt allerdings auch Ausnahmen, wie bei *BEGIN* und *END.*. Diese Anweisungen müssen in einer eigenen Zeile stehen. Der Grund dafür liegt in den fehlenden Strichpunkten.

Übrigens würde der Compiler einen Fehler melden, wenn Sie hinter *BEGIN* ein Semikolon (Strichpunkt) schreiben. Die Strichpunkte sind nicht nutzlos, denn sie zeigen dem Compiler, dass eine Anweisung endet. Und wie gesagt, beachten Sie auch, dass im Gegensatz zu den übrigen Programmzeilen, die Zeile am Ende des Programms (*END.*) mit einem Punkt (.) endet.

Für den Compiler ist eine Anweisung also dort abgeschlossen, wo das Semikolon folgt. Das ist auch der Grund, weshalb wir Anweisungen wie z.B. *Write* und *ReadKey* in die selbe Zeile schreiben könnten.

Getrennt wurden beide Anweisungen nur durch den Strichpunkt. Achten Sie also darauf, dass Sie Anweisungen mit Semikolon abschließen. Das ist einer der häufigsten Anfängerfehler.

Sehen Sie sich noch einmal das *HalloWorld*-Programm an. In der Darstellung unten werden die jeweiligen 3 Haupt-Bestandteile eines Pascal-Programms hervorgehoben. Rechts daneben steht die Bedeutung der Teile.

`PROGRAM HalloWorld;`	Programmkopf
`USES Crt;`	Deklarationsteil

`BEGIN`
`   Write ('hello, world!');`
`   ReadKey;`
`END.`
	Definitionsteil

Wie Sie an der Tabelle erkennen können, unterteilt man ein Programm in drei Teile: Programmkopf, Deklarationsteil und Definitionsteil.

3.2 Units

Schauen Sie sich einmal im oberen Programm den Deklarationsteil an. Dort steht die Zeile:

```
...
USES Crt;
...
```

Hier geben Sie dem Compiler bekannt, dass Sie die Bibliothek (= *Unit*) *Crt* verwenden möchten. Im Quelltext darf nur eine *USES*-Anweisung vorkommen. Um mehrere *Units* im Programm zu verwenden, werden die Namen der einzelnen *Units* durch Kommas getrennt.

Beispiel:

```
...
USES Crt, Dos;
...
```

Der Entwickler gibt damit dem Compiler bekannt, dass er die beiden *Units Crt* und *Dos* verwenden möchte. Die Zeile wird, wie üblich, mit einem Semikolon abgeschlossen.

Doch was sind denn nun Bibliotheken (*Units*)? Mehrmals haben Sie die Anweisung *Write* verwendet. Sie gibt einen Text auf dem Bildschirm aus. Doch haben Sie jemals die Programmierzeilen geschrieben, die die Bildschirmausgabe zur Folge haben? Haben Sie nicht. In Pascal ist es möglich, Programmierzeilen in einer Prozedur oder Funktion zusammenzufassen, und diese dann einfach bei Bedarf aufzurufen. Dadurch erreicht man Wiederverwendbarkeit.

In einer *Unit* stehen Prozeduren und Funktion samt Quellcode. Prozeduren und Funktionen könnte man natürlich auch in derselben Quelltextdatei definieren, was aber unpraktisch ist, da man so den Quellcode immer wieder einfügen müsste.

Units tragen demnach auch zur Wiederverwendbarkeit von Funktionen und Prozeduren bei. Im Moment ist es ausreichend, wenn Sie wissen, dass Sie eine *Unit* einbinden müssen, damit bestimmte Anweisungen (eben die Prozeduren und Funktionen) zur Verfügung stehen.

Wie Sie eigene *Units* erstellen können, finden Sie ab Seite 89.

3.3 Zugriff auf Speicheradressen

3.3.1 Variablen und Konstanten

Bevor Sie sich mit der Ein- und Ausgabe beschäftigen, müssen Sie zunächst einmal wissen, wie Sie Werte abspeichern. Angenommen, der Benutzer soll seinen Namen eingeben (wozu auch immer). Der Benutzer gibt seinen Namen ein, doch was dann? Wohin mit den eingegebenen Daten? Klar ist, dass diese irgendwo gespeichert werden müssen.

Entweder speichern wir die Daten im Arbeitsspeicher oder schreiben sie in eine Datei. Extra wegen einer Eingabe eine Datei anzulegen ist unpraktisch und schafft zusätzliche Probleme. Beispielsweise wenn Sie Ihr Programm von einer CD-ROM laufen lassen, können Sie auf dieser keine Daten schreiben - das Programm funktioniert nicht mehr richtig oder gar nicht mehr.

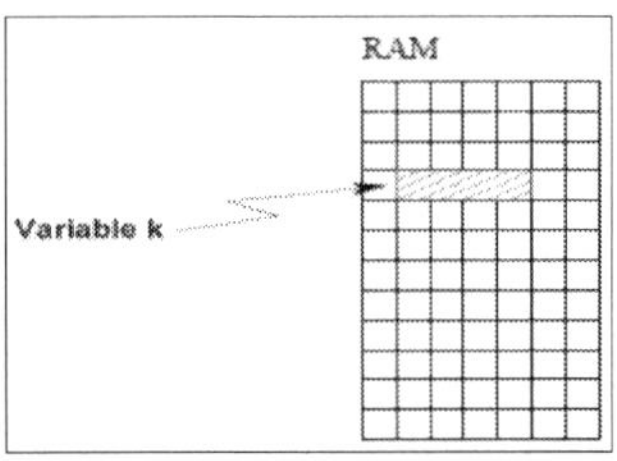

Daher sollten Sie Daten - sofern es keine größeren Datenmengen sind - immer im Arbeitsspeicher (RAM) ablegen. RAM = Random Access Memory

Beispiel links:
Eine LongInt-Variable (k) belegt 4 Byte im Arbeitsspeicher.

Wollen Sie Daten im Arbeitsspeicher deponieren, müssen Sie sich entscheiden, ob Sie dies in einer Variablen oder in einer Konstanten tun möchten. Aus technischer Sichtweise erfolgt die Speicherung auf die gleiche Art und Weise.

Variablen sind Ihnen sicher aus der Mathematik bekannt. Hier stehen sie als Platzhalter für Werte. Ähnlich ist es in der Programmierung. Hier reserviert eine Variable lediglich einen Bereich im Arbeitsspeicher. Wie groß der reservierte Bereich ist, hängt vom Datentyp der Variable ab. Ebenso gibt der Datentyp an, welche Werte eine Variable speichern kann.

So gibt es Datentypen, die nur die Speicherung von Ganzzahlen vorsehen (wie 3, -10 oder 4089), aber auch solche für Fließkommazahlen (z.B. 3.45435, -104589.3).

Bei Fließkommazahlen ist zu beachten, dass hier der Punkt (.) als Dezimalkomma dient, und nicht - wie im deutschsprachigen Raum üblich – das Komma (,). Wenn Sie eine Variable angelegt (deklariert) haben, können Sie in dieser einen Wert speichern, und natürlich auch wieder auslesen.

Eine Konstante ist eine Variable mit festem Wert. Eine Konstante kann von einem bestimmten Typ sein, was aber nicht zwingend notwendig ist. Legt man eine Konstante an, muss man dieser gleich einen Wert zuweisen. Sie können den Wert der Konstante später bei Bedarf wieder auslesen, können ihn aber nicht mehr ändern. Damit verhindern Sie, dass der Wert - unabsichtlich (z.B. ein Programmierfehler könnte Auslöser dafür sein) - wieder überschrieben wird.

Sie könnten Konstanten z.B. verwenden, um Fehlermeldungen zu definieren. So definieren Sie an zentraler Stelle als *ERR01* (beliebiger Name) den Fehler "Datei nicht gefunden." und können im restlichen Programm - auch mehrmals - auf *ERR01* verweisen, um die Meldung auszugeben.

Andere Beispiele sind - ohnehin - fixe Werte, wie beispielsweise in der Mathematik die Kreiszahl *PI* (3,14159265), Euler'sche Zahl *e* (2,71828183) oder Umrechnungsfaktoren für Zoll (= 2,54 cm) oder Euro (= 1,95583 DM).

Bevor Sie auf eine Variable zugreifen können, müssen Sie allerdings zuvor diese dem Compiler bekannt geben. Diese Bekanntgabe bezeichnet man als Deklaration. Weisen Sie einer Variablen einen Wert zu, definieren Sie diese und initialisieren die Variable mit diesem Wert.

Deklaration: Bekanntgabe, z.B. dem Compiler bekannt geben, dass eine Variable existiert, welchen Bezeichner (Namen) sie trägt sowie von welchem Typ sie ist.

Definition: Wertzuweisung. Einer zuvor deklarierten Variable wird nun ein Wert zugewiesen.

Die Deklaration erfolgt - wie zu erwarten war - im Deklarationsteil des Programms. Sie sieht folgendermaßen aus:

```
VAR Name: Datentyp[Längenbegrenzung];
```

Anstelle von *Name* muss der Bezeichner (Name) der Variablen angegeben werden. Der Name darf nur aus alphanumerischen Zeichen sowie dem Unterstrich _ bestehen. Alphanumerisch = A bis Z sowie 0 bis 9, egal ob Groß- oder Kleinschreibung bei den Buchstaben.

Tipp: Der Name der Variable sollte so aussagekräftig wie möglich sein. Es ist für die Lesbarkeit besser, als Variablenbezeichner *vorname* zu verwenden, als *var01* oder vn. Ebenso unpraktisch wäre *diesisteinehaeufigbenoetigtevariable*, weil zu lang (Tipparbeit), nur schwer lesbar und wenig aussagekräftig.

Unterstriche und Groß-/Kleinschreibung können zur Lesbarkeit beitragen.

Nach dem Variablenbezeichner folgen ein Doppelpunkt sowie der Datentyp der Variable. Als Datentyp kann einer der unten aufgezählten Typen angegeben werden.

Die Längenbegrenzung ist optional und muss nicht vorhanden sein. Sie gibt an, wie lang der abgespeicherte Wert bei Variablen vom Datentyp *String* sein darf (das sind Zeichenketten mit n Zeichen).

Noch ein Hinweis zu *VAR*: Wenn Sie mehrere Variablen vom selben Datentyp vereinbaren möchten, dann trennen Sie die Variablen einfach durch Kommas.

Zum Beispiel:

```
VAR variable1, variable2: Integer;
```

Hier wurden die Variablen *variable1* und *variable2* vom Typ *Integer* vereinbart. Wollen Sie Variablen von unterschiedlichen Datentypen deklarieren, so müssen die Typen jeweils durch Strichpunkte getrennt werden. Ein Beispiel:

```
VAR int1, int2: Integer;
    bool1, bool2: Boolean;
    str1, str2, str3: String;
```

Leicht zu erkennen ist, dass nur ein *VAR* benötigt wird. Deklariert werden 2 Variablen *int1* und *int2* vom Datentyp *Integer*, wieder 2 (*bool1* und *bool2*) vom Datentyp *Boolean* und 3 Variablen vom Datentyp *String*.

Bei den Datentypen müssen Sie drei Gruppen unterscheiden:

- Datentypen zur Speicherung von Ganzzahlen,
- Datentypen zur Speicherung von Fließkommazahlen und
- Datentypen zur Speicherung von Zeichenketten (Strings).

Ganzzahlentypen:

Datentyp	Bereich	Speicherbedarf
ShortInt	-128 bis 127	1 Byte
Byte	0 bis 255	1 Byte
SmallInt	-32768 bis 32767	2 Bytes
Word	0 bis 65535	2 Bytes
Integer	-2147483648 bis 2147483647	4 Bytes
Int64	-2^{63} bis $2^{63}-1$	8 Bytes

Gleitkommatypen:

Datentyp	Bereich	Speicherbedarf
Single	$1.5*10^{-45}$ bis $3.4*10^{38}$	4 Bytes
Real	$2.9*10^{-39}$ bis $1.7*10^{38}$	6 Bytes
Double	$5.0*10^{-324}$ bis $1.7*10^{1308}$	8 Bytes
Comp	9.2*1018	8 Bytes
Extended	$3.4*10^{-4952}$ bis $1.1*10^{4952}$	10 Bytes

Zeichentypen:

Datentyp	Bereich	Speicherbedarf
Char	0 bis 255; erw. ASCII-Zeichensatz	1 Byte
String	bis zu 255 Zeichen	bis zu 255 Bytes

Eine Ausnahme stellen noch boolesche Datentypen dar. Man müsste sie - ihrer internen Speicherung nach zu urteilen - eigentlich bei den Ganzzahlentypen einordnen.

Boolesche Typen:

Datentyp	Speicherbedarf
Boolean	1 Byte
ByteBool	1 Byte
WordBool	2 Bytes
LongBool	4 Bytes

Am häufigsten verwendet wird der Datentyp *Integer*, was die ganzzahlige Speicherung anbelangt. Sollte ein größerer Typ benötigt werden, kann *LongInt* verwendet werden.

Die Größe gibt übrigens den Speicherplatzverbrauch im Arbeitsspeicher an. Eine *LongInt*-Variable benötigt daher doppelt so viel Speicherplatz wie eine *Integer*-Variable.

Wie Ihnen sicher schon aufgefallen ist, gibt es Datentypen, die auch negative Zahlen (z.B. -10) speichern können und solche, die nur positive Werte speichern.

Der Vorteil von Datentypen, die nur positive Zahlen speichern, ist, dass bei gleichem Speicherverbrauch die obere Grenze höher liegt, also höhere Zahlen gespeichert werden können. Um negative Zahlen darzustellen, wird das höchstwertigste Bit als Vorzeichenbit verwendet, es entfällt also, um Werte abzubilden.

Der am häufigsten verwendete Datentyp für die Speicherung von Gleitkommazahlen ist *Double*.

Der Datentyp *Char* speichert ein Zeichen aus dem ASCII-Zeichensatz, z.B. das A, das x, 3, ein Fragezeichen ? usw. Der Typ *String* hingegen speichert bis zu 255 ASCII-Zeichen in einer sogenannten Zeichenkette oder auch String. Dieser Satz hier könnte beispielsweise in einem String gespeichert werden.

Boole'sche Wahrheitswerte sind Ihnen womöglich aus der Mathematik bekannt. Die beiden Zustände, die boolesche Typen speichern können, sind wahr und falsch. Intern erfolgt die Speicherung als 0 und 1. Das bedeutet, dass ein boolescher Datentyp nichts anderes als ein Ganzzahlentyp ist, der allerdings nur 0 und 1 speichern kann. Wenn Sie in Pascal eine boolesche Variable definieren möchten, können Sie dieser nicht 0 oder 1 zuweisen, sondern nur TRUE (entspricht wahr bzw. 1) oder FALSE (entspricht falsch bzw. 0).

Bisher noch nicht geklärt wurde die Deklaration von Konstanten. Sie sieht im Prinzip genauso aus wie die Deklaration von Variablen, nur wird anstelle von *VAR* das Schlüsselwort *CONST* verwendet. Und zusätzlich wird der Konstanten gleich ein Wert zugewiesen:

```
CONST Name: Typ = Wert;
```

Beispiel: Die Deklaration und zugleich auch Definition der Konstanten *wahr* vom Datentyp *Boolean*:

```
CONST wahr: Boolean = TRUE;
```

Falls Sie nun versuchen möchten, den Wert der Variablen *wahr* auf *FALSE* zu ändern, meldet der Compiler einen Fehler.

Mehrere Konstanten vom selben Typ können nicht auf einmal deklariert werden.

Wie bereits erwähnt, können auch typenlose Konstanten erzeugt werden:

```
CONST wahr = TRUE;
```

3.3.2 Zuweisung

Einer bereits deklarierten Variablen können Sie nach folgendem Schema einen Wert zuweisen:

```
Variable := Wert;
```

Der Wert, der auf der rechten Seite steht, wird nach links übertragen. Man sagt, er wird der Variable zugewiesen. Nach der Zuweisung hat die Variable den Wert, der rechts steht.

Angenommen, die Variable *a* sei vom Typ *Integer* und wurde zuvor deklariert.

Mit der folgenden Zuweisung wird dieser Variable der Wert 70 zugewiesen.

```
a := 70;
```

Man spricht: *a ergibt sich aus 70.*

Achten Sie darauf, dass der Zuweisungsoperator aus einem Doppelpunkt und einem Ist-Gleich-Zeichen besteht. In vielen anderen Programmiersprachen wird hierfür das Gleichheitszeichen (=) verwandt.

Beachten Sie außerdem den Unterschied zur Deklaration bzw. Definition von Konstanten. Um einer Konstante einen Wert zuzuweisen (siehe oben), wird lediglich ein Gleichheitszeichen (=) verwendet, während bei "normalen" Zuweisungen das *Ergibt-sich-aus*-Zeichen (:=) benötigt wird.

3.3.3 Datentypen

3.3.3.1. Der Typ Char

Der Datentyp *Char* dient dazu, ein einzelnes ASCII-Zeichen zu speichern.

```
VAR
   c: Char;
BEGIN
   c := 'A'; // Der Variablen c den Buchstaben A zuweisen
END.
```

Um nicht druckbare Zeichen in einem *Char* zu speichern, oder einfach ein Zeichen mit einem bestimmten ASCII-Code einzufügen, kann das *#*-Zeichen, gefolgt von einer Ganzzahl genutzt werden:

```
VAR
   c: Char;
BEGIN
   c := #65; // c das Zeichen mit dem ASCII-Code 65 zuweisen
END.
```

3.3.3.2. Der Typ String

Der Typ *String* bezeichnet eine Zeichenkette mit variabler Länge. Das heißt, er kann keine Zeichen, ein Zeichen oder auch mehrere beinhalten.

Strings müssen im Quelltext immer von Apostrophen umschlossen werden, dies wird vom Editor der *Lazarus*-IDE standardmäßig blau hervorgehoben:

```
VAR
   s: String;
BEGIN
   s := 'Dies ist ein String';
END.
```

Mehrere Strings lassen sich miteinander mit Hilfe des *+*-Operators zu einem größeren Text verknüpfen (konkatenieren).

Wenn Sie beispielsweise an den *String* mit dem Inhalt *„Dies ist ein String“* noch den Text *„ und wird in s gespeichert.“* anhängen wollen, so können Sie das mit dem so genannten Verknüpfungs- oder Verkettungsoperator tun.

Dieser Operator ist ein Pluszeichen (+). Das Beispiel sähe dann so aus:

```
VAR
  s: String;
BEGIN
  s := 'Dies ist ein String';
  s := s + ' und wird in s gespeichert.';
END.
```

Auch Steuerzeichen können genauso wie bei *Char* verwendet werden:

```
s := s + #10;  // Linefeed an s anhängen (dezimale Schreibweise)
s := s + #$20; // Leerzeichen an s anhängen (Hex-Schreibweise)
```

So wird im Prinzip jedes Zeichen im *String* gespeichert. Dies erklärt auch, warum man mit Zahlen in einem *String* nicht rechnen kann, obwohl sie im *String* gespeichert werden können.

Um ein einzelnes Zeichen eines *Strings* anzusprechen, genügt es, in eckigen Klammern dahinter zu schreiben, welches Zeichen man bearbeiten oder auslesen möchte.

```
WriteLn('Der 1. Buchstabe des Strings ist ein "' + s[1] + '".');
```

3.3.3.3. Char und String untereinander

Die Datentypen *Char* und *String* sind in gewisser Weise kompatibel. Wie Sie ja bereits wissen, sind *Strings* Zeichenketten und in *Chars* werden einzelne Zeichen gespeichert.

So können Sie beispielsweise ein *Char* an einen *String* anhängen oder ein Zeichen aus einem *String* in einem *Char* speichern:

```
c := 'X';                          // c = "X"
s := 'Hier ein Zeichen: ' + c;     // s = "Hier ein Zeichen: X"
c := s[3];                         // c = "e"
```

3.3.3.4. Ganzzahlige Typen

Ganzzahlige Variablen können, wie der Name schon sagt, ganze bzw. natürliche Zahlen speichern. Der am häufigsten gebräuchliche Typ in dieser Variablenart ist der *Integer*. Mit diesen Zahlen lässt sich dann auch rechnen.

Eine Variable vom Datentyp *Integer* bezeichnet eine 32 Bit (entspr. 4 Byte) große Ganzzahl mit Vorzeichen, es können somit Werte von -2^{31} bis $2^{31}-1$ dargestellt werden. Die Beschreibung weiterer Ganzzahltypen finden Sie ab Seite 18.

Das nachfolgende Beispiel zeigt einige Möglichkeiten zur Verwendung von Variablen.

```
VAR
   i, j: Integer;
BEGIN
   i := 10;
   j := i;
   i := 12;
END.
```

Außerdem kann wie gewohnt mit *+*, - und * gerechnet werden. Eine Division wird für Ganzzahltypen durch *DIV* dargestellt. Um den Rest einer Division zu erhalten, wird der *MOD*-Operator verwendet.

Der Compiler beachtet auch Punkt-vor-Strich Rechnung und Klammerung.

```
i := 25;           // i ist jetzt 25
i := i * 3 + 5;    // i ist jetzt 80
i := 20 DIV 3;     // i ist jetzt 6
i := 20 MOD 3;     // i ist jetzt 2 (Rest von 20 : 3)
```

3.3.3.5. Gleitkommazahlen

Mit den ganzzahligen Datentypen lassen sich nur gerundete Divisionen durchführen. Brüche wie ¾ sind daher nicht sinnvoll auszuwerten. Um auch Nachkommastellen berechnen zu können, existieren in *Pascal* bzw. *Object Pascal* die Gleitkommatypen *Single*, *Double* und *Extended*.

Der Unterschied zwischen diesen Typen besteht in der Genauigkeit, mit welcher die Daten gespeichert werden. Weitere Informationen hierzu finden Sie in den Tabellen ab Seite 18.

Die Division können Sie nun mit Hilfe des Operators */* statt mit *DIV* durchführen. Als Zähler und Nenner können sowohl Ganzzahl- als auch Gleitkommavariablen verwendet werden.

Bei der direkten Zuweisung eines gebrochenen Wertes wird die englische Schreibweise verwendet, sprich: das Komma wird durch einen Punkt ersetzt:

```
VAR
    x: Double;
BEGIN
    x := 10.25;
END.
```

3.3.3.6. Wahrheitswerte

Der Datentyp *Boolean* ermöglicht es, einen Wahrheitswert zu speichern. Mögliche Werte sind *True* (wahr) und *False* (falsch).

```
VAR
    z: Boolean;
BEGIN
    z := True;
END.
```

3.4 Ein- und Ausgabe

3.4.1 Konsole

EVA = Eingabe - Verarbeitung - Ausgabe, ein bekanntes Prinzip - nicht nur in der Informatik. Zunächst erfolgt die Eingabe durch den Benutzer, das Programm verarbeitet die Daten, und anschließend erfolgt die Ausgabe. Das ist ein allgemeingültiges Prinzip für einen Programmablauf.

Im Detail betrachtet, kann der erste Schritt (Eingabe) aber auch bereits eine Folge des letzten, der Ausgabe, sein. Bevor der Benutzer etwas eingeben wird, sollte er zunächst einmal wissen, was er eingeben soll. Darum beschäftigen wir uns zunächst mit der Ausgabe.

Wichtig sind für die Ausgabe in einem Pascal-Programm vor allem zwei Anweisungen: *Write* und *WriteLn*. *Write* haben Sie bereits im ersten Beispiel kennen gelernt. Zwischen *Write* und *WriteLn* besteht nur ein kleiner Unterschied. *WriteLn* verursacht nach der Ausgabe einen Zeilenumbruch, einen Sprung in die nächste Zeile.

Überprüfen Sie die beiden Beispiele, um den Unterschied zu verdeutlichen:

```
Write ('Hallo ');
WriteLn ('Welt');
```

```
WriteLn ('Hallo ');
Write ('Welt');
```

Der Ausgabetext muss unter einfachen Anführungszeichen (') stehen, doppelte Anführungszeichen (") funktionieren nicht. Mit *Write* bzw. *WriteLn* kann man natürlich auch den Inhalt einer Variable oder Konstante ausgeben. Beispiel:

```
WriteLn (myVar);
```

Hier wird der Inhalt der Variable *myVar* an der aktuellen Cursorposition angezeigt. Es ist auch möglich, beides, Text- und Variablenausgaben, zu kombinieren. Beispiel:

```
WriteLn (zahl1, ' + ', zahl2, ' = ', summe);
```

Die einzelnen "Teile" müssen durch Kommas getrennt werden. *Write* bzw. *WriteLn* akzeptieren beliebig viele Argumente. Zunächst wird der Wert aus *zahl1* ausgeben, dann folgt der Text *' + '*, danach der Wert der Variable *zahl2* sowie der Text *' = '* und abschließend der Wert aus der Variable *summe*.

Formatierte Ausgabe einer Gleitkommazahl

```
zahl := 123.4567
WriteLn(zahl: 9: 3);
```

Hier stehen für die Ausgabe der Gleitkommazahl *zahl* 9 Stellen zur Verfügung. Davon werden 3 Stellen als Nachkommastellen verwendet (ggf. wird gerundet). Kleine Werte werden mit führenden Leerzeichen aufgefüllt. Ausgegeben wird: `  123.457`.

Texteingabe

Kommen wir nun zur Texteingabe. Um Daten von der Tastatur einzulesen, gibt es die Anweisungen *Read*, *ReadLn* sowie *ReadKey*. Allgemein verwenden Sie *Read* wie folgt:

```
Read (myText);
```

Anstelle von *myText* muss natürlich eine bereits deklarierte Variable angegeben werden, in der die Eingabe abgespeichert wird.

Den Unterschied zwischen *Read* und *ReadLn* werden Sie erst bemerken, wenn Sie die erfassten Werte in Dateien schreiben möchten.

Im Augenblick erreichen Sie jedoch mit beiden Anweisungen die gleiche Wirkung. Beide fordern den Benutzer zu einer Eingabe über die Tastatur auf.

Read bzw. *ReadLn* warten solange, bis der Benutzer die *ENTER*-Taste drückt.

ReadKey hingegen liest nur ein Zeichen von der Tastatur ein. Ein Abschließen mit der *ENTER*-Taste entfällt.

```
myChar := ReadKey;
```

Die Eingabe vom Benutzer (ein Zeichen) wird in der Variable *myChar* abgespeichert.

Wenn Sie Werte von *ReadKey* (ein ASCII-Zeichen, bzw. numerisch 0-255, 1 Byte) abspeichern wollen, verwenden Sie dazu eine Variable vom Typ *Char*.

Nach so viel Theorie folgt nun endlich wieder ein zusammenhängendes Beispiel:

```
PROGRAM Kreisberechnung;
USES Crt;
CONST PI = 3.141592654;
VAR ergebnis, radius: Extended;

BEGIN
  WriteLn ('Dieses Programm berechnet den Kreisumfang');
  Write ('Geben Sie den Kreisradius ein: ');
  ReadLn (radius);
  ergebnis := 2 * radius * PI;
  Write ('Der Umfang des Kreises beträgt: ');
  WriteLn (ergebnis: 10: 2);
  Write ('Taste drücken um zu beenden... ');
  ReadKey;
END.
```

3.4.2 Formatierte Textausgabe

Zum Glück müssen Sie sich bei der Textausgabe nicht auf weißen Text auf schwarzem Hintergrund beschränken. Im Folgenden lernen Sie, wie Sie die Textfarbe und die Hintergrundfarbe der Textausgabe ändern.

Zur Änderung der Schriftfarbe benötigen Sie die Anweisung *TextColor* und zur Änderung der Hintergrundfarbe die Anweisung *TextBackground*. Um beide nutzen zu können, muss die Unit *Crt* inkludiert werden.

Als Hintergrundfarbe bzw. Textfarbe können Sie eine der 16 Grundfarben auswählen.

Um eine Farbe zu bestimmen, kann entweder ein Farbwert (Zahl von 0 bis 15) angegeben oder ein vordefinierter Farbname (z.B. Red) verwendet werden.

Beides hat letztendlich dieselbe Wirkung.

Die 16 Grundfarben:

Farbe	Farbcode	Vordefinierter Bezeichner
Schwarz	0	*Black*
Blau	1	*Blue*
Grün	2	*Green*
Blaugrün	3	*Cyan*
Rot	4	*Red*
Rotblau	5	*Magenta*
Braun	6	*Brown*
Hellgrau	7	*LightGray*
Dunkelblau	8	*DarkBlue*
Hellblau	9	*LightBlue*
Hellgrün	10	*LightGreen*
Helles Blaugrün	11	*LightCyan*
Hellrot	12	*LightRed*
Helles Rotblau	13	*LightMagenta*
Gelb	14	*Yellow*
Weiß	15	*White*

Das folgende Beispiel demonstriert die Verwendung der *TextColor*- und *TextBackground*-Anweisung:

```
PROGRAM Farben;
USES Crt;
BEGIN
 ClrScr;
 WriteLn ('Text: Weiss, Hintergrund: Schwarz (Voreinstellung)');
 WriteLn;
 TextColor (Red);
 WriteLn ('Text: Rot,   Hintergrund: Schwarz');

 TextBackground (LightBlue);
 WriteLn ('Text: Rot,   Hintergrund: Hellblau');

 TextColor (Black);
 TextBackground (White);
 WriteLn ('Text: Schwarz, Hintergrund: Weiss');
 WriteLn;

 TextColor (White);
 TextBackground (Black);
 WriteLn ('Taste drücken um zu beenden ...');
 ReadKey;
END.
```

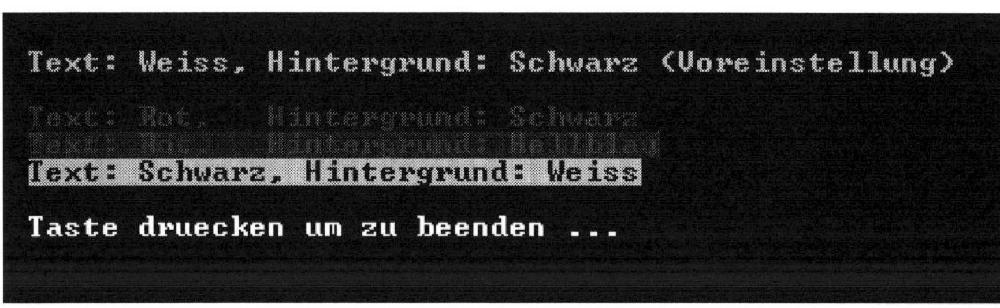

Die Anweisung *ClrScr* (Clear Screen) löscht den Bildschirm und muss einfach nur aufgerufen werden.

Mit *HighVideo*, *NormVideo* oder *LowVideo* ist es möglich, auf einfache Weise die Schriftart aufzuhellen, abzudunkeln oder auf den Normalwert zurückzusetzen. Für alle Anweisungen benötigen wir wieder die Unit *Crt*.

Die Einstellungen gelten solange, bis sie geändert werden.

3.4.3 Drucken

Es ist auf einfache Weise möglich, Texte an den Drucker umzuleiten, also auszudrucken. Dazu müssen Sie lediglich die Unit *Printer* in Ihr Programm einbinden sowie einen zusätzlichen Parameter (*Lst*) bei *Write* bzw. *WriteLn* angeben. Beispiel:

```
PROGRAM Drucken;
USES Crt, Printer;
VAR Text: String;

BEGIN
  ClrScr;
  HighVideo;
  WriteLn ('Text drucken (Drucker muss eingeschaltet sein.):');
  NormVideo;
  ReadLn (Text);
  WriteLn ('Text wird jetzt gedruckt... ');
  WriteLn (Lst, Text);
  ReadKey;
END.
```

Glücklicherweise wirft der Drucker nicht sofort nach dem Drucken dieser einen Zeile die Seite aus, sondern wartet, bis der Benutzer den Auswurf manuell durchführen lässt. Hierfür gibt es auf einem Drucker eine Taste, die für den manuellen Seitenvorschub gedacht ist. Drücken Sie diese Taste, wirft der Drucker die gerade eingezogene Seite aus. Bitte nur kurz drücken, denn manche Drucker drucken bei längerem Betätigen der Taste sonst ein Testbild.

Möchten Sie den Auswurf der Seite über das Programm steuern, senden Sie einfach das Formfeed-Zeichen an den Drucker. Das Formfeed-Zeichen ist ein nicht-druckbares Zeichen mit dem ASCII-Code 12.

```
WriteLn (Lst, chr(12));
```

Achtung: Die Druckersteuerung bezieht sich auf einen Drucker der als *LPT1* angesprochen wird.

3.5 Weitere Statements

3.5.1 Kommentare

Pascal erlaubt es Ihnen, im Quellcode Kommentare einzufügen. Kommentare sind ganz normaler Text, der in den Quellcode geschrieben und vom Compiler ignoriert wird. Kommentare müssen deshalb im Quellcode extra gekennzeichnet werden. Sie haben drei Möglichkeiten, Kommentare als solche zu kennzeichnen:

```
...
  (* Kommentar *)
...
```

Der Text, der zwischen *(** und **)* steht, wird vom Compiler als Kommentar angesehen und ignoriert. In diesem Fall wäre das der Text *Kommentar*. Kommentare werden nicht compiliert. Ob der Text da steht oder nicht, ist dem Compiler vollkommen egal. Die ausführbare Datei wird nicht größer durch Kommentare in der Quelldatei. Kommentare dürfen sich auch über mehrere Zeilen erstrecken:

```
...
  (* Dieser
     Kommentar
     erstreckt
     sich
     über
     mehrere
     Zeilen *)
...
```

Als zweite Möglichkeit steht ihnen das Kommentieren mit geschweiften Klammern zur Verfügung:

```
...
  { Kommentar }
...
```

Hier gilt das Gleiche wie bei *(* ... *)*. Kommentare mit *{ ... }* können sich ebenso über mehrere Zeilen erstrecken.

Wie in vielen Programmiersprachen kann man auch in Pascal Kommentare bis zum Zeilenende mit zwei Schrägstrichen *//* einleiten.

3.5.2 Cursor positionieren

Wie Sie wissen, schreibt *Write(Ln)* den Text immer an die Stelle auf den Bildschirm, an der der Cursor gerade steht. Wenn Sie Ihr Programm starten und der Bildschirm zuvor mit *ClrScr* gelöscht wurde, steht der Cursor in Zeile 1, Spalte 1.

Bedenken Sie, dass der Textmodus den Bildschirm in 25 Zeilen zu je 80 Spalten unterteilt. In jeder dieser 25 Zeilen lassen sich demnach 80 Zeichen anzeigen, also 80*25 Zeichen insgesamt.

GotoXY bietet Ihnen die Möglichkeit, den Sprung in eine Zeile und Spalte durchzuführen. Die Zeile und Spalte ist hierbei frei wählbar. Man kann also beliebig am Bildschirm hin- und herspringen. Ausgaben können also nicht nur in der aktuellen Zeile erzeugt werden.

```
...
  GotoXY (Spalte, Zeile);
...
```

Da die Spalten ja auf der X-Achse verlaufen, ist dies die erste Angabe. Hier steht ein Wert von 1 bis 80 (1 und 80 sind auch möglich). Die zweite Angabe ist die Zeile (Y-Achse). Hier ist ein Wert zwischen 1 bis 25 (1 und 25 wieder mit eingeschlossen) erlaubt. Mit

```
...
  GotoXY (10, 2);
...
```

springen Sie in die 10. Spalte in Zeile 2.

Eine weitere Anweisung ist *Window*. Mit *Window* können Sie den Bildschirmbereich eingrenzen. Das heißt, dass Sie dann nur diesen Bildschirmbereich nutzen können. Folgendes Beispiel

```
...
  Window (3, 2, 77, 23);
...
```

grenzt den zur Verfügung stehenden Bildschirmbereich nun von der 3. Spalte, 2. Zeile bis zur 77. Spalte in der 23. Zeile ein. Der restliche Bereich des Bildschirms steht nicht mehr zur Verfügung.

Beachten Sie, dass *GotoXY* sich nun auf den mit *Window* eingeteilten Bildschirm bezieht. Das heißt die Position 1. Spalte, 1. Zeile ist im eingeteilten Fenster ganz links oben.

3.5.3 Operatoren

Ein Beispiel für die Verwendung von Operatoren stellt bereits die Berechnung des Kreisumfanges in unserem Programmbeispiel dar:

```
...
  ergebnis := 2 * radius * PI;
...
```

Hier wurden zwei verschiedene Operatoren verwendet, der Zuweisungsoperator *:=* und der arithmetische Operator *.

Im Folgenden werden die Operatoren (Op.) mit Priorität (P), Erläuterung und Beispiel aufgeführt.

3.5.3.1. Zuweisungsoperator

Op.	Erläuterung	P	Beispiel
:=	Zuweisungsoperator	1	`a := 78;`

3.5.3.2. Arithmetische Operatoren

Op.	Erläuterung	P	Beispiel
+	Addition bzw. bei Mengen Vereinigung	2	`a := 74 + 4;`
-	Subtraktion bzw. bei Mengen Differenz	2	`a := 80 - 2;`
*	Multiplikation bzw. bei Mengen Durchschnitt	3	`a := 39 * 2;`
/	Division von Fließkommazahlen	3	`b := 156.0 / 2.0;`
DIV	Division von Ganzzahlen	3	`a := 156 DIV 2;`
MOD	Modulo (= Rest einer Division)	3	`a := 78 MOD 2;`

Wie in der Mathematik, gilt auch hier Punkt vor Strich. Punkt-Operationen haben eine höhere Priorität (P=3) als Strich-Operationen (P=2).

Beachten Sie, dass Sie bei der Division von Ganzzahlen **nicht** / sondern *DIV* als Operator verwenden müssen.

3.5.3.3. Vergleichsoperatoren

Op.	Erläuterung	P	Beispiel
=	Vergleich auf Gleichheit	1	`IF (a = 78) THEN ..`
<	Logisches KLEINER-ALS	1	`IF (a < 79) THEN ..`
>	Logisches GRÖSSER-ALS	1	`IF (a > 77) THEN ..`
<=	Logisches KLEINER-GLEICH	1	`IF (a <= 78) THEN ..`
>=	Logisches GRÖSSER-GLEICH	1	`IF (a >= 78) THEN ..`
<>	Logisches UNGLEICH	1	`IF (a <> 78) THEN ..`

3.5.3.4. Logische Operatoren

Op.	Erläuterung	P	Beispiel
AND	Logisches UND	3	`IF (a = 78)` `AND (b = 78.0) THEN ..`

Op.	Erläuterung	P	Beispiel
OR	Logisches ODER	2	`IF (a = 78)` `OR (b = 78.0) THEN ..`
XOR	Exklusives ODER	2	`IF (a = 78)` `XOR (b = 78.0) THEN ..`
NOT	Logisches NICHT	4	`IF NOT (a = 78) THEN ..`
IN	Mengenzugehörigkeit	1	`IF 78 IN Menge THEN ...`

3.5.3.5. Binär- und Zugriffs-Operatoren

Op.	Erläuterung	P	Beispiel
SHL	Nach links "shiften" (Bitverschiebung nach links)	3	`c := SHL (3);`
SHR	Nach rechts "shiften" (Bitverschiebung n. rechts)	3	`c := SHR (3);`
@	Speicheroperator	4	`d := @a;`
.	Bereichszugriffsoperator	4	`struktur1.var1 := 78;`

3.6 Kontrollstrukturen

Bisher haben Sie sich nur Programme angesehen, die zeilenweise alle eingegebenen Befehle ablaufen und ausführen. Häufig sollen aber manche Teile eines Programms nur in bestimmten Fällen ausgeführt werden. In vielen anderen Situationen sollen dann bestimmte Teile des Programms mehrfach ausgeführt werden.

Um so etwas zu realisieren, haben die meisten Programmiersprachen sogenannte Kontrollstrukturen.

3.6.1 Verzweigungen (IF / THEN)

Wir beginnen mit einem einfachen Problem. Nach Eingabe des Alters eines Azubis soll das Programm ausgeben, ob er aktiv wählen darf (das ist in Deutschland zur Zeit ab einem Alter von 18 Jahren der Fall).

Ein entsprechendes Pascal-Programm könnte so aussehen:

```
program wahl;
uses Classes;
var alter: integer;

begin
   Write('Geben Sie Ihr Alter ein: ');
   ReadLn(alter);
   if alter >= 18 then
      writeln('Sie dürfen wählen.')
   else
      writeln('Sie dürfen noch nicht wählen.');
   readln;
end.
```

Der Ausdruck *alter>=18* kann entweder richtig sein oder falsch. Wenn er den Wert wahr ergibt, wird der Teil des Programms ausgeführt, der hinter dem *then* steht, ansonsten der Teil, der hinter dem Teil *else* steht.

Falls ansonsten gar nichts ausgeführt werden soll, können Sie den *else*-Teil auch einfach weglassen.

Wichtig ist, dass vor *else* grundsätzlich kein Semikolon stehen darf.

Nun wird die Sache einen Hauch komplizierter. Im Fall, dass der Benutzer noch nicht wählen darf, soll er zusätzlich vom Programm getröstet werden. Dazu soll dann eine weitere Zeile ausgeben werden: *„Aber das wird noch“*.

Wenn Sie eine entsprechende Anweisung vor das *ReadLn*; setzen, wird es zwar wirklich ausgegeben, aber immer; auch dann wenn der Benutzer schon wählen darf.

Was Sie also brauchen, ist eine Möglichkeit, dem Computer klarzumachen, dass eine ganze Folge von Anweisungen nur unter einer bestimmten Bedingung ausgeführt werden soll.

Um das zu realisieren, können Sie eine solche Folge von Anweisungen zwischen ein *begin* und ein *end* setzen. In diesem Fall sähe das dann so aus:

```
...
if alter >= 18 then
   writeln('Sie duerfen waehlen.')
else
begin
   writeln('Sie duerfen noch nicht waehlen.');
   writeln('Aber das wird noch !');
end;
...
```

Sie können mehrere dieser Entscheidungen verschachteln. Erweitern Sie nun Ihr Programm so, dass es auch das passive Wahlrecht betrachtet, also das Recht, gewählt zu werden (zumindest früher war die Grenze 21 Jahre).

Hier müssen Sie also im *then*-Teil eine weitere Abfrage einfügen:

```
...
if alter >= 18 then
begin
   writeln('Sie dürfen wählen ...');
   if alter>=21 then
      writeln('... und auch gewählt werden.')
   else
      writeln('... aber noch nicht gewählt werden.');
   end
else
begin
   writeln('Sie dürfen weder wählen noch gewählt werden.');
   writeln('Aber das wird noch !');
end;
...
```

3.6.2 Mehrfachverzweigung (CASE / OF)

Die *Case*-Anweisung überprüft eine angegebene Variable auf deren Wert. Je nachdem, welchen Wert die Variable speichert, wird ein anderer Anweisungsblock ausgeführt.

Besonders deutlich wird dies, wenn Sie sich das folgende Beispiel ansehen:

```
program CaseOf;
USES Classes, Crt;
VAR Eingabe: Integer;

BEGIN
   ClrScr;
   Write ('Geben Sie eine Zahl von 1 bis 5 ein: ');
   ReadLn (Eingabe);

   CASE Eingabe OF
      1: WriteLn ('Sie haben Eins eingegeben.');
      2: WriteLn ('Sie haben Zwei eingegeben.');
      3: WriteLn ('Sie haben Drei eingegeben.');
      4: WriteLn ('Sie haben Vier eingegeben.');
      5: WriteLn ('Sie haben Fünf eingegeben.');
   END;

   WriteLn ('Taste drücken, um das Programm zu beenden');
   ReadKey;
END.
```

Ist die Eingabe nun beispielsweise eine 2, wird nur der Text *Sie haben Zwei eingegeben* angezeigt. Wäre die Eingabe allerdings eine 7, würde nichts angezeigt werden. Für 7 wurde kein Fall definiert.

Möchten Sie allerdings auch alle anderen Fälle abfangen und mit einer Standardausgabe behandeln, können Sie auch hier einen *else*-Teil einfügen.

```
...
   CASE Eingabe OF
      1: WriteLn ('Sie haben Eins eingegeben.');
      2: WriteLn ('Sie haben Zwei eingegeben.');
      3: WriteLn ('Sie haben Drei eingegeben.');
      4: WriteLn ('Sie haben Vier eingegeben.');
      5: WriteLn ('Sie haben Fünf eingegeben.');
   ELSE s := 'Irgendeine andere Zahl';
   END;
...
```

Es lässt sich auch feststellen, ob die Eingabe nicht ein Einzelwert ist, sondern in einem Wertebereich (*von ... bis*) liegt:

```
PROGRAM caseBsp;
USES crt;
VAR s: string;
    c: char;
BEGIN
   s := '';
   c := ReadKey;
   CASE c OF
      '0' .. '9': s := 'Ziffer (0-9)';
      'a' .. 'z': s := 'Kleinbuchstabe (a-z)';
      'A' .. 'Z': s := 'Großbuchstabe (A-Z)';
      '+' , '-' : s := 'Zeichen (+ oder -)';
   ELSE s := 'Irgendein anderes Zeichen';
   END;
   WriteLn(s);
END.
```

3.6.3 Schleifen

Bisher liefen Programme immer von oben nach unten durch den Quelltext und konnten allenfalls Teile überspringen. Jetzt betrachten wir den Fall, dass manche Programmteile mehrfach ausgeführt werden.

3.6.3.1. Schleifen mit Anfangsbedingung (WHILE)

Angenommen, Sie möchten einen – zugegebenermaßen etwas groben – Fortschrittsbalken programmieren, wie man sie zum Beispiel aus Programminstallationen kennt.

Nach Eingabe einer Zahl (zwischen 0 und 20) soll das Programm entsprechend der Zahl viele Sternchen in eine Zeile schreiben. Wichtig ist, dass wir im Fall 0 gar kein Sternchen schreiben sollen.

```
...
VAR balkenlaenge: integer;
    zaehler: integer;
BEGIN
   Write('Geben Sie den Wert der Balkenlaenge ein: ');
   ReadLn(balkenlaenge);
   zaehler := 0;

   WHILE zaehler < balkenlaenge DO
   BEGIN
      write('*');
      zaehler := zaehler + 1;
   END;
   ReadLn;
END.
```

Das Programm führt den Programmteil hinter der *WHILE. . .DO*-Anweisung solange aus, wie die Bedingung *zaehler<balkenlaenge* erfüllt ist. Das bedeutet: Wenn das Programm den Befehl *zaehler:=0* ausgeführt hat, dann prüft es nach, ob die Bedingung *zaehler<balkenlaenge* erfüllt ist.

Ist dies nicht der Fall, so wird alles was von dem dahinter stehenden *BEGIN* bis zum darauf folgenden *END;* umrahmt ist, übersprungen und der Computer setzt das Programm bei der *ReadLn*-Anweisung fort.

Ist die Bedingung jedoch erfüllt, wird der umrahmte Programm-Teil ausgeführt. Danach springt das Programm wieder zum *WHILE* und überprüft, ob die Bedingung noch immer erfüllt ist. Ist sie es nicht, so wird jetzt der Teil *BEGIN. . .END* übersprungen, ist sie erfüllt, so wird der Teil wieder ausgeführt. Das wiederholt sich solange, bis die Bedingung irgendwann einmal nicht erfüllt ist; dann fährt der Computer beim *ReadLn* fort.

Dieses Vorgehen entspricht einer Warteschleife eines Flugzeuges im Anflug auf einen Flughafen. Und genauso heißen solche Kontrollstrukturen auch Schleifen.

Wie Sie sicherlich bemerkt haben, wird die hier gezeigte Schleife nicht in jedem Fall durchlaufen; wenn die genannte Bedingung schon am Anfang nicht erfüllt ist, wird die Schleife als Ganzes übersprungen.

Deshalb heißen solche Schleifen, „*Schleifen mit Anfangsbedingung*" oder weil sie am Schleifenkopf geprüft werden – **kopfgesteuerte Schleifen**.

3.6.3.2. Schleifen mit Endbedingung (REPEAT)

Angenommen, der Fortschrittsbalken soll auf jeden Fall ein Sternchen schreiben, um dem Benutzer eines Programms freundlich zu signalisieren: *Es ist schon was passiert, Du brauchst Dir keine Gedanken zu machen!*

Hier muss die Schleife mit der Anweisung, ein Sternchen zu schreiben, auf jedem Fall einmal durchlaufen werden.

Für alle Zahlen, die nicht 0 sind, soll jedoch wieder die korrekte Anzahl von Sternchen ausgedruckt werden.

Mit anderen Worten: sowohl bei der 0 wie auch bei der 1 soll genau ein Sternchen gedruckt werden.

Auch für solche Fälle, bei denen die Schleife mindestens einmal durchlaufen werden soll, gibt es eine Konstruktion.

Sehen Sie sich dazu das folgende Programm an:

```
...
VAR balkenlaenge: integer;
    zaehler : integer;

BEGIN
   Write('Geben Sie den Wert der Balkenlaenge ein: ');
   ReadLn(balkenlaenge);
   zaehler := 0;
   REPEAT
      write('*');
      zaehler:=zaehler+1;
   UNTIL zaehler >= balkenlaenge;
   ReadLn;
END.
...
```

Weil diese Schleifenart am Schleifenfuss geprüft wird sie wird diese Schleifenart als **fussgesteuerte Schleife** bezeichnet.

3.6.3.3. Zählschleifen (FOR)

Häufig hat man das Problem, dass man einfach einen bestimmten Teil eines Programms eine bestimmte Anzahl mal durchlaufen will. Dabei soll dann für den Computer ersichtlich sein, in welchem Durchlauf der Schleife er sich gerade befindet. Da so etwas häufig gebraucht wird, wo man im weitesten Sinne etwas *zählt*, spricht man auch von Zählschleifen.

Natürlich lässt sich so etwas auch leicht mit *WHILE*- oder *REPEAT*-Schleifen realisieren. Aber Sie müssten sich dabei jedes Mal überlegen, wie die Startbedingung und wie die Abbruch-Bedingnug aussieht.

Außerdem dürften Sie nicht vergessen, die entsprechende *Zählvariable* auch wirklich um eins nach oben zu setzen. Um den Programmierern das Leben einfacher zu machen, bieten die viele Programmiersprachen für Zählschleifen eine gesonderte Konstruktion an → die *FOR*-Schleife.

Das folgende Beispielprogramm zählt einfach von 1 bis 42 und schreibt die entsprechenden Zahlen auf den Bildschirm, wobei jeweils unter einer Zahl noch ein Trennstrich geschrieben wird.

```
...
VAR i : integer;

BEGIN
   FOR i := 1 TO 42 DO
   BEGIN
      WriteLn(i);
      WriteLn('=======');
   END;
   ReadLn;
END.
```

Um in einer Zählschleife rückwärts zu zählen, ersetzen Sie einfach das *TO* durch *DOWNTO*. z. B.:

```
...
   FOR i := 42 DOWNTO 1 DO
...
```

Soll eine andere Schrittweise als Einer-Schritte verwendet werden, so muss entweder die *WHILE*- oder die *REPEAT*-Schleife eingesetzt werden.

3.6.3.4. Break und Continue

Mit der *Break*-Anweisung können Sie eine Schleife sofort verlassen.

Dagegen erlaubt ihnen die *Continue*-Anweisung einen Schleifendurchlauf vorzeitig zu beenden und sofort mit dem nächsten Schleifendurchlauf fortzufahren.

Beide Anweisungen können in allen drei Schleifen eingesetzt werden.

```
...
  FOR i := 42 DownTo 1 DO
  BEGIN
     IF i MOD 2 = 0 THEN
     BEGIN
        Continue;
     END
     ELSE
     BEGIN
         WriteLn(i);
     END;
  END;
...
```

3.7 Arrays

Ein Array ist eine Datenstruktur, mit der eine Anzahl von Variablen, die als Elemente des Arrays bezeichnet werden, unter einem Namen angesprochen wird.

Oft werden Arrays auch als Tabellen oder Vektoren bezeichnet.

Für Arrays gelten folgende Eigenschaften:

- Auf Array-Elemente wird mit Hilfe eines Index zugegriffen.
- Bei der Indizierung wird der niedrigste und der höchste Index definiert.
- Alle Elemente des Arrays sind vom gleichen Datentyp.
- Für die Elemente ist jeder beliebige Datentyp erlaubt. Es kann auch wiederum ein Array sein.
- Ein Array kann eine oder mehrere Dimensionen besitzen.

- Beim Anlegen eines Arrays werden in allen Elementen alle Bits mit 0 initialisiert.
- Alle Dimensionen eines Arrays haben eine definierte Länge, die eingerichtet wird, wenn das Array angelegt wird.
- Bei einer Dimension der Größe *n* können die Indizes einen Wert von 1 bis einschließlich *n* annehmen.

3.7.1 Eindimensionale Arrays

Arrays werden ähnlich wie Variablen deklariert, hier die Deklaration für ein eindimensionales Array:

```
...
VAR namen: Array [1..20] of String;
...
```

Hiermit haben Sie das Array *namen* deklariert, das 20 Elemente enthält. Jedes dieser Elemente ist vom Typ *String*.

Die Elemente des Arrays reichen von *namen[1]* bis *namen[20]*.

Sie können auf ein Array wie auf eine normale Variable zugreifen, allerdings müssen Sie zusätzlich einen Index angegeben.

Um auf das 5. Element des Arrays *namen* zuzugreifen und diesen mit einem Wert zu füllen, verfahren Sie wie im folgenden Beispiel:

```
...
namen[5] := 'Monika Mustermann';
...
```

Natürlich können Sie auch ein Array definieren, bei dem der untere Index 10 und der obere 15 ist. Nur hätte dann das erste Element den Index 10 und das letzte den Index 15.

Das nächste Beispiel demonstriert, wie man 20 Werte (Namen + Telefonnummer) einlesen und später wieder ausgegeben kann:

```
PROGRAM Array_Beispiel;
USES Crt;

VAR namen, telefonnummern: Array [1..20] of String;
    i: Integer;

BEGIN
   ClrScr;

   FOR i := 1 TO 20 DO
   BEGIN
      Write (i,' - Name: ');
      ReadLn (namen[i]);
      Write (i,' - Telefonnummer: ');
      ReadLn (telefonnummern[i]);
   END;

   WriteLn ('Die Daten werden nun wieder ausgegeben ...');

   FOR i := 1 TO 20 DO
   BEGIN
      WriteLn (namen[i],' - ', telefonnummern[i]);
   END;
   WriteLn ('Drücken Sie eine Taste zum Beenden ...');
   ReadKey;
END.
```

3.7.2 Mehrdimensionale Arrays

In *Pascal* ist es auch möglich, mehrdimensionale Arrays zu erzeugen. Das Array *namen* im oberen Beispiel war ein eindimensionales Array.

Ein fiktives Array *test[5]* könnte man sich demnach mit seinen 5 Elementen wie folgt vorstellen:

test[1]	test[2]	test[3]	test[4]	test[5]

Sie haben eine Dimension, diese verläuft in der Darstellung entlang der x-Achse.

Nehmen Sie eine zweite hinzu, hier grafisch in Richtung der y-Achse, würde dies wie folgt aussehen:

test[1,1]	test[1,2]	test[1,3]	test[1,4]	test[1,5]
test[2,1]	test[2,2]	test[2,3]	test[2,4]	test[2,5]
test[3,1]	test[3,2]	test[3,3]	test[3,4]	test[3,5]
test[4,1]	test[4,2]	test[4,3]	test[4,4]	test[4,5]
test[5,1]	test[5,2]	test[5,3]	test[5,4]	test[5,5]

In der oberen Tabelle wird das Array *test[1..5,1..5]* dargestellt. Das Element *test[2,4]* wurde grau in der Tabelle gekennzeichnet. Ein zweidimensionales Array wie dieses wird allgemein wie folgt deklariert:

```
...
 VAR test: Array [1..5, 1..5] of Typ;
...
```

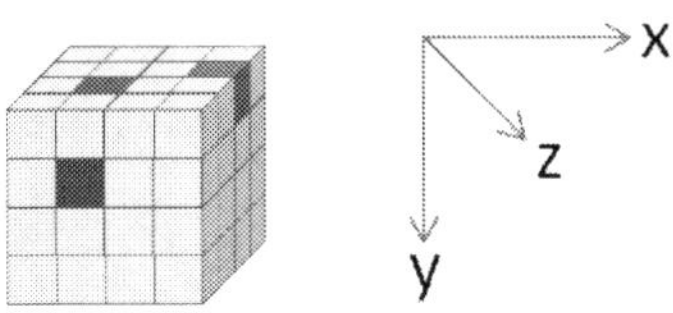

Es lassen sich natürlich auch n-dimensionale Arrays definieren. Beispielsweise ein 3-dimensionales Array:

Um sich ein solches 3-dimensionales Array vorstellen zu können, denken Sie an einen Würfel.

Neben der x- und y-Achse wie bei einem zweidimensionalen Array, kommt hier die z-Achse hinzu. Die z-Achse ist hierbei die 3. Dimension. Die obige Abbildung soll ein Array mit der Größe 4x4x4 darstellen.

Insgesamt beinhaltet dieses Array 64 Elemente wobei jedes Feld über die x-y-z-Koordinaten exakt angesprochen werden kann.

Das 1.Feld (linkes oberes und vorderes Feld) hat hierbei die Koordinate (0,0,0).

Das rote Feld hat hier die Koordinate (1,1,0), d. h. Zeile1, Spalte1, Ebene0. Das blaue Feld hat die Koordinate (0,1,1), d. h. Zeile0, Spalte1, Ebene1 und das grüne Feld die Koordinate (0,3,2) das bedeutet Zeile0, Spalte3, Ebene2.

Für den Fall, dass Sie viel mit Tabellenkalkulationssystemen arbeiten, werden Sie sich ein dreidimensionales Array jedoch besser vorstellen können, indem Sie jede Ebene als eine eigene Seite ansehen:

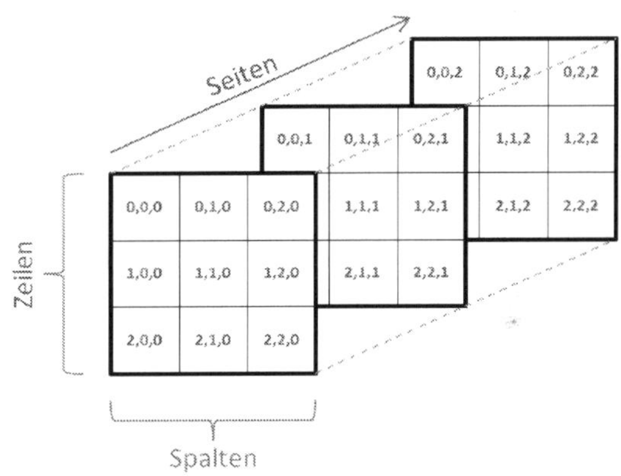

In *Pascal* würde die Deklaration eines 3-dimensioanlen Arrays, wie beispielsweise des Würfels, wie folgt aussehen:

```
...
 VAR wuerfel: Array [0..3, 0..3, 0..3] of Typ;
...
```

3.8 Listen

Eine Liste ist eine Datenstruktur, die eine dynamische Verwaltung von Arrays erlaubt. So muss bei der Anlage einer Liste nicht bekannt sein, wie viele Element die Liste zur Laufzeit aufnimmt.

So ist es also mit Listen möglich, eine große Anzahl von Werten zu speichern. Sicher kann man das auch in Arrays machen – Listen sind dafür aber oft viel besser geeignet, da diese gewisse Methoden zum Hinzufügen, Löschen und Bearbeiten von Werten gleich mitbringen.

```
...
VAR
    strList: TStringList;
    i: Integer;
...
 // Create erstellt die Liste
 strList := TStringList.Create;

// Add fügt Elemente einschl. Zeilenumbruch hinzu
strList.Add('Maier');
strList.Add('Huber');
strList.Add('Zabinski');
strList.Add('Adam');
strList.Add('Kowalski');

// Delete löscht das Elemente mit dem entspr. Index
strList.Delete(0);

// Sort sortiert die Liste alphabetisch
strList.Sort;

// Zugriff auf ein Element mit einem bestimmten Index
WriteLn strList[0];

// IndexOf sucht einen Text, und liefert den entspr. Index
i := strList.IndexOf('Huber');

// Zuweisung über einen Index
strList[i] := 'Müller';
```

```
// Count liefert die Anzahl der Elemente
WriteLn strList.Count;

// Free gibt den Speicher der Liste frei
strList.Free;
...
```

Die *StringList* ist eine besondere Art einer Liste. Mit ihr ist es zudem möglich, eine Datei vollständig in den Arbeitsspeicher zu lesen.

Daher eignet sich die *StringList* auch für das Laden und Speichern von Dateien kleinerer und mittlerer Grösse.

Die *StringList* ist eine Möglichkeit Dateien einfach und schnell zu verarbeiten.

Die *StringList* bietet sich für die Verarbeitung von Dateien an, die kleiner als ein Megabyte sind.

Für die Verarbeitung der Datei wird dabei die gesamte Datei in den Arbeitsspeicher geladen. Jede Zeile des Datensatzes wird dabei in ein eigenes Array-Element eingelesen.

```
...
   // Lädt eine Textdatei in die StringList
   strList.LoadFromFile('beispiel.txt');

   // Schreibt die Liste als Datei auf einen Datenträger
   strList.SaveToFile('beispiel.txt');
...

   // Free gibt den Speicher der Liste frei
   strList.Free;
...
```

3.9 Kommandozeilen-Parameter

Wenn ein Pascal-Programm gestartet wird, steht zur Laufzeit eine interne *StringList* mit dem Namen *ParamStr* zur Verfügung.

In dieser Liste gibt es stets mindestens einen Eintrag, nämlich den Namen des gerade laufenden Programms, der als erstes Element der Liste als *ParamStr(0)* verfügbar ist.

Weitere eventuell vorhandene Kommandozeilen-Parameter folgen auf diesen Eintrag. Durch diese Kommandozeilen-Parameter können einem Pascal-Programm somit Werte beim Aufruf des Programms übergeben werden. Auf diese Werte kann über die Liste mit dem Namen *ParamStr* zugegriffen werden.

Die Variable *ParamCount* liefert die Anzahl der übermittelten Parameter.

Das folgende Beispiel demonstriert den Zugriff auf die Kommandozeilen-Parameter.

```
PROGRAM KdoParameter;
VAR
  i: Integer;
BEGIN
  WriteLn('Program: ', ParamStr(0));
  FOR i := 1 to ParamCount do
  BEGIN
    WriteLn('Parameter ', i, ': ', ParamStr(i));
  END;
END.
```

3.10 Datentypen, Mengen, Strukturen

3.10.1 Eigene Datentypen

Sie haben in *Pascal* auch die Möglichkeit, einen alternativen Bezeichner für ein Array, eine Menge oder einen bestehenden Datentyp festzulegen. Dazu lernen Sie nun einen neuen Block kennen: den *TYPE-Block*.

Dieser steht oberhalb von *CONST* und *VAR* (falls diese vorhanden sind), jedoch unterhalb von *USES* (falls vorhanden).

Um einen solchen Alternativbezeichner festzulegen, muss dieser wie folgt definiert werden:

```
TYPE Bezeichner = Typ/Array/Menge/...;
```

Sie können damit statt *Integer* z.B. *Int* als Bezeichner definieren, also einen Alias festlegen. Der *TYPE-Block* müsste dazu wie folgt aussehen:

```
...
 TYPE Int = Integer;
...
```

Wollen Sie nun die Variable *i* vom Typ *Integer* deklarieren, wäre dann ebenfalls möglich:

```
...
 VAR i: int;
...
```

Achten Sie darauf, dass Sie = als Operator im *TYPE-Block* verwenden, und nicht den Zuweisungsoperator *:=*.

TYPE hat jedoch noch einen weitaus praktischeren Zweck als den eben gezeigten. So benötigt man *TYPE* zur Definition von Strukturen (Records).

Eine wirkliche Arbeitsersparnis ergibt sich, wenn Sie *TYPE* verwenden, um Arrays zu definieren. Erfolgt dies in einer *Unit*, können Sie den Alternativbezeichner des definierten Arrays in allen Programmdateien verwenden, in welche die *Unit* eingebunden wird.

3.10.2 Mengen und Strukturen

Zunächst noch zwei kleine Ergänzungen: Die erste Ergänzung betrifft die Variablendeklaration und deren Typen. Sie können den Wertebereich der Variablen auf einfache Weise begrenzen.

Das bedeutet, dass Sie beispielsweise bestimmen können, dass der Zahlenbereich lediglich von 1 bis 100 reicht. Die Variable dieses Typs ist dann nur imstande, Werte abzuspeichern, die innerhalb dieses Bereichs (1 bis 100) liegen. Die Variablendefinition hierfür sieht wie folgt aus:

```
VAR Bezeichner: Von..Bis;
```

Beispiel:

```
...
 VAR i: 1..50;
...
```

Die Variable *i* darf hier nur Werte von 1 bis 50 annehmen. Wird versucht, der Variable einen höheren oder niedrigeren Wert zuzuweisen, egal ob durch Zuweisung oder durch Benutzer-Eingabe, wird eine Fehlermeldung erzeugt.

Die zweite Ergänzung betrifft Aufzählungstypen. Manche Dinge lassen sich schlecht in Zahlen ausdrücken. Farben zum Beispiel. Hier wäre es angenehmer, stünde im Quellcode rot statt 4. Eine Möglichkeit wäre natürlich, für 4 eine Konstante mit dem Namen rot zu definieren:

```
...
 CONST rot = 4;
...
```

Nun könnten wir überall im Quellcode *rot* anstelle von 4 verwenden. Benötigen wir jedoch für jeden der 16 Standard-Farben einen deutschen Bezeichner, wäre diese Methode mit ziemlich viel Aufwand verbunden.

Abhilfe schaffen hier sog. Aufzählungstypen. Aufzählungstypen müssen explizit vom Programmierer definiert werden. Das bedeutet, dass Sie im *TYPE*-Definitionsblock des Programms den Aufzählungstyp definieren müssen, bevor Sie eine Variable dieses definierten Typs verwenden können. Die Syntax der Aufzählungstypen sieht wie folgt aus:

```
TYPE Bezeichner = (Name1, Name2, Name3, ...);
```

Ein Beispiel dazu:

```
...
  TYPE Farben = (Schwarz, Blau, Gruen,
                 Blaugruen, Rot, Rotblau,
                 Braun, Hellgrau, Dunkelblau,
                 Hellgruen, Helles_Blaugruen, Hellrot,
                 Helles_Rotblau, Gelb, Weiss);
 ...
```

Nun ist es noch nötig, eine Variable vom Aufzählungstyp *Farben* zu deklarieren. Nennen wir diese Variable *aktuelleFarbe*:

```
...
  VAR aktuelleFarbe: Farben;
...
```

Es wäre natürlich auch möglich gewesen, wie folgt vorzugehen:

```
...
   VAR aktuellefarbe: (Schwarz, Blau, Gruen, Blaugruen, Rot,
                       Rotblau, Braun, Hellgrau, Dunkelblau,
                       Hellgruen, Helles_Blaugruen, Hellrot,
                       Helles_Rotblau, Gelb, Weiss);
...
```

Von dieser Vorgehensweise würde ich jedoch eher abraten. Einerseits leidet darunter die Übersicht im Programm, andererseits könnten Sie, ginge man wie im ersten Fall vor, den Typ *Farben* mehrmals (in mehreren Quellcodedateien) verwenden, würden Sie diesen in einer *Unit* definieren. Also Übersicht, Wiederverwendbarkeit und nicht zu vergessen: Aufwand.

Haben Sie eine Variable eines Aufzählungstyps deklariert, so können Sie dieser einen Wert zuweisen. Der zulässige Wertebereich sind alle definierten Bezeichner. Hätten Sie nur *Eins*, *Zwei* und *Drei* definiert, wäre es unzulässig, würden Sie der Variablen den Wert *Vier* oder *ABC* zuweisen. Korrekt wäre im oberen Farbbeispiel jedoch:

```
...
  aktuelleFarbe := Blau;
...
```

Eine Variable von einem Aufzählungstyp speichert die Werte intern als Dezimalzahlen.

Sehen Sie sich dazu noch einmal das Beispiel mit den Farben an: Der erste definierte Bezeichner wird intern als 0 abgespeichert. Der zweite als 1, der dritte mit 2 usw.

Im Farbenbeispiel wird Hellgrau somit intern als 7 gespeichert. Da Blau den Wert 1 hat, speichert in der oberen Zuweisung die Variable *aktuelleFarbe* intern den Wert 1.

Was Sie allerdings nicht können, ist, einer Integer-Variable den Wert eines Aufzählungstypens zu übergeben. Trotz der dezimalen Speicherung der Aufzählungstypen werden diese nicht mit Integer-Typen gleichgestellt. Folgendes würde also nicht funktionieren:

```
...
  TextColor (aktuelleFarbe);      (* FALSCH! *)
...
```

Um dennoch den dezimalen Wert einer solchen Variable zu erhalten, gibt es die Funktion *Ord* (Abkürzung für Ordinal).

Um hier das Thema Funktionen kurz vorweg zu nehmen: Eine Funktion liefert immer einen Wert zurück, in diesem Fall den ordinalen Wert des Aufzählungstyps. Ordinale Variablen sind abzählbar, was bedeutet, dass diese einen festgelegten Wertebereich haben.

ShortInt zum Beispiel: Man weiß, dass der niedrigste Wert -128 ist, der höchste 127. Alles andere ist ungültig und kann nicht gespeichert werden. Den zurückgelieferten Wert kann man direkt an eine Funktion oder Prozedur (siehe Seite 71) übergeben - wie im folgenden Beispiel.

```
...
  TextColor (Ord(aktuelleFarbe));      (* RICHTIG! *)
...
```

Ord ermittelt den Dezimalwert von *aktuelleFarbe*. Dieser Wert (im Beispiel der Wert 1) wird an *TextColor* übergeben, also quasi an der Stelle "eingesetzt". *TextColor* ändert dann die Farbe korrekt zu Blau.

Ein vollständiges Beispiel hierzu dürfte nicht nötig sein. Mittlerweile müssten Sie imstande sein, das eben Gelernte selbst umzusetzen. Was nicht heißen soll, dass keine Anwendungsbeispiele mehr folgen.

Nehmen Sie nun an, der Benutzer soll eine Eingabe tätigen. Gültig sind die Zeichen *a* bis *z* sowie *X* und *Y* (nur diese beiden Großbuchstaben sind erlaubt).

Nun stehen Sie vor einem Problem. Zwar könnten Sie eine CASE-Anweisung verwenden, um die Eingabe zu überprüfen, das wäre jedoch unnötige Arbeit. Es gibt einen einfacheren Weg. Dieser besteht darin, eine Menge (auch als *SET* bezeichnet) festzulegen.

Diese Menge kann nur von einem ordinalen Typ sein. Üblicherweise gibt man - wie etwas weiter oben gezeigt - den Bereich direkt an. Zunächst muss eine Menge definiert werden. Entweder Sie geben diese direkt bei der Variablendefinition im *VAR*-Teil an oder Sie definieren einen Typ im *TYPE*-Definitionsbereich. Im Folgenden sehen Sie die Syntax für die Definition von Mengen:

```
VAR Bezeichner: SET OF Bereich/Typ;
```

Beispiel:

```
...
  VAR Menge1: SET OF 1..5;
...
```

Die Menge *Menge1* ist nun imstande, die Werte 1 bis 5 zu speichern.

Das bedeutet jedoch, dass nicht nur ein Wert gespeichert werden kann, sondern mehrere. In diesem Fall können max. 5 Werte abgespeichert werden. Allgemein sind max. 256 Werte möglich. Wir können der Menge die Werte 1, 2, 3, 4 und 5 zuweisen.

Zum Beispiel kann die Menge nur den Wert 1, sie kann aber ebenso die Werte 3 und 5, aber auch alle Werte enthalten. Auch gar keinen Wert zu speichern, ist zulässig.

Ist die Menge definiert, kann überprüft werden, ob ein Wert IN der Menge enthalten ist. Hierzu gibt es den *IN*-Operator.

Sehen Sie sich einmal das nächste Beispiel an. Der Benutzer wird aufgefordert, ein Zeichen einzugeben. Zulässig sind nur die Zeichen *a*, *b*, *c*, *k*, *x*, *y* und *z* (Kleinbuchstaben). Das Programm überprüft, ob der eingegebene Wert in der Menge enthalten ist und zeigt je nach Ergebnis einen anderen Text am Bildschirm an.

```
PROGRAM BeispielSET;
USES Crt;

TYPE Wertebereich = SET OF 'a'..'z';

VAR Menge: Wertebereich;
    Eingabe: Char;

BEGIN
    ClrScr;
    Menge := ['a','b','c','k','x','y','z'];

    Write ('Ihre Eingabe: ');
    ReadLn (Eingabe);

    IF Eingabe IN Menge THEN
      WriteLn ('Die Eingabe war zulaessig.')
    ELSE
      WriteLn ('Die Eingabe war unzulaessig!');

    ReadKey;
END.
```

Wie Sie es von den bisherigen Beispielen mittlerweile gewöhnt sein dürften, ist auch dieses Beispiel einfach gehalten. Zwar ist es nicht besonders sinnvoll, beschränkt sich jedoch auf das Wesentliche und verwirrt nicht mit unnötigen Nebensächlichkeiten.

In diesem Beispiel wird im *TYPE*-Definitionsblock der Mengentyp *Wertebereich* definiert. Die Variable *Menge* wird in der darauf folgenden Zeile von diesem Typ deklariert. Im weiteren verlauf des Codes initialisieren Sie die Variable *Menge*. Sie bestimmen, welche Werte in der *Menge* enthalten sind. In der späteren Überprüfung testen Sie, ob der Wert der Variable *Eingabe* (die Eingabe vom Benutzer) in der Variablen *Menge* enthalten ist.

Soviel zu den Mengen. In *Pascal* haben Sie aber auch die Möglichkeit, *Records* (Strukturen) festzulegen. (Für C-Programmierer: In der Programmiersprache *C* entspricht das den mit *struct* definierten Strukturen.) Sie möchten beispielsweise die Daten einer Person (Name, Adresse und Telefonnummer) abspeichern.

Hier ist eine Struktur eine wunderbare Lösung für dieses Problem. Generell besteht eine Struktur aus mehreren Variablen. Für dieses Beispiel definieren wir die Struktur *Daten*, bestehend aus 3 Variablen.

Diese 3 Variablen haben die Bezeichner *Name*, *Adresse* und *Telefonnummer* und sind alle drei vom Typ String. Eine Struktur ist ein selbstdefinierter Typ, und wird auch im *TYPE*-Block definiert.

Die Struktur ist zunächst nur abstrakt definiert, quasi ein Modell, eine Schablone oder ein Bauplan. Damit Sie die Struktur auch tatsächlich verwenden können, muss von dem Typ (der definierten Struktur) eine Instanz erstellt werden. Eine Instanz erstellen Sie, indem Sie eine Variable vom Typ der selbstdefinierten Struktur deklarieren.

Eine Struktur wird folgendermaßen vereinbart:

```
TYPE Bezeichner = RECORD
     Variable1: Typ;
     Variable2: Typ;
     Variable3: Typ;
     ...
END;
```

Beispiel:

```
...
TYPE Daten = RECORD
   Name: String[50];
   Adresse: String[255];
   Telefonnummer: String[15];
END;
...
```

Die Struktur wäre damit erstellt. Fehlt noch die Instanz im *VAR*-Bereich:

```
VAR Datensatz: Daten;
```

Nach folgendem Schema greifen Sie nun auf die Struktur-Elemente zu:

```
... Instanz.Variable ...
```

Um nun in der deklarierten Struktur *Datensatz* den Namen Monika Mustermann abzuspeichern, müssten Sie folgendes tun:

```
...
 Datensatz.Name := 'Monika Mustermann';
...
```

Abschließend hierzu noch ein zusammenhängendes Beispiel:

```
PROGRAM Telefonbuch;
USES Crt;
TYPE Daten = RECORD
     Name: String[50];
     Adresse: String[255];
     Telefonnummer: String[15];
END;
VAR Datensatz: ARRAY [1..100] OF Daten;
    i: 0..100;
BEGIN
   ClrScr;
   REPEAT   (* Schleifenbeginn *)
      Write ('Eintrag: (1-100; 0 = Programmende) ');
      ReadLn (i);
      IF i = 0 THEN Exit;     (* Exit beendet das Programm *)
         (* Wenn etwas nicht definiert wurde, Daten einlesen *)
         IF (Datensatz[i].Name = '') OR
            (Datensatz[i].Adresse = '') OR
            (Datensatz[i].Telefonnummer = '') THEN
      BEGIN
         WriteLn ('Eintrag ',i);
         Write ('Name: ');
         ReadLn (Datensatz[i].Name);
         WriteLn ('Adresse:');
         ReadLn (Datensatz[i].Adresse);
         Write ('Telefonnummer: ');
         ReadLn (Datensatz[i].Telefonnummer);
         WriteLn;
      END
      ELSE   (* sonst Daten anzeigen *)
      BEGIN
         WriteLn ('Name: ',Datensatz[i].Name);
         WriteLn ('Adresse:');
         WriteLn (Datensatz[i].Adresse);
         WriteLn ('Telefonnummer: ',Datensatz[i].Adresse);
      END;
   UNTIL i = 0;
   ReadKey;
END.
```

Das Beispiel kann zu 100 Personen deren *Name*, *Telefonnummer* und *Adresse* speichern und wieder abzurufen. Nur gehen die Daten verloren, wenn das Programm beendet wird.

3.11 Prozeduren und Funktionen

3.11.1 Allgemeines zu Prozeduren und Funktionen

Immer wieder kommt es vor, dass Code mehrmals benötigt wird (Stichwort Wiederverwendbarkeit). Nicht nur um den Aufwand zu verringern, können Sie Ihren Code in einem Unterprogramm zusammenfassen. Je nach Verwendungszweck unterscheidet man in *Pascal* bzw. *Object Pascal* bei diesen Unterprogrammen zwischen Prozeduren und Funktionen.

Eine Prozedur gibt **keinen** Wert zurück, d. h. sie liefert kein Ergebnis. Eine Funktion hingegen liefert einen Rückgabewert. Hierzu später mehr. Eine Prozedur oder Funktion können Sie je nach Bedarf aufrufen.

Die Definition einer Prozedur bzw. einer Funktionen muss oberhalb des Anweisungsblocks stehen, aus dem sie aufgerufen wird. Das bedeutet, bei einem normalen Programm noch vor dem *BEGIN*.

Das Beispiel demonstriert die Definition und den Aufruf einer Prozedur mit dem Namen *Start*.

```
PROGRAM Prozedur;
USES Crt;

(* Prozedur definieren *)
PROCEDURE Start;
BEGIN
   ClrScr;
   WriteLn ('Prozedur Start aufgerufen. Bitte Taste druecken.');
   ReadKey;
END;

(* Hauptprogramm *)
BEGIN
  Start;  (* Prozedur aufrufen *)
END.
```

Hier wurden lediglich ein paar Anweisungen aus einem - ziemlich sinnlosen - Beispiel in eine Prozedur verfrachtet und diese aufgerufen.

Ist die Prozedur bzw. die Funktion komplett durchlaufen, oder tritt eine *Exit*-Anweisung auf, wird die Prozedur oder Funktion wieder verlassen. Die Programmkontrolle wird dann wieder an den aufrufenden Programmteil zurückgegeben.

Sie können in einer Prozedur oder Funktion auch Variablen deklarieren. Noch vor dem *BEGIN* in der Prozedur/Funktion können Sie einen *VAR*- oder *CONST*-Block einfügen. Auf die Variablen, die Sie innerhalb einer Prozedur/Funktion deklarieren, kann von außen (das heißt aus einer anderen Prozedur/Funktion sowie aus dem Hauptanweisungsblock) nicht zugegriffen werden. Der Gültigkeitsbereich von solchen lokalen Variablen ist auf die Prozedur/Funktion beschränkt.

Auf Variablen, die außerhalb (= globale Variablen, d.h. die im gesamten Programm gültig) deklariert wurden, kann aus der Funktion/Prozedur allerdings schon zugegriffen werden.

Angenommen, man definiert in einem Unterprogramm eine Variable, die den selben Bezeichner trägt wie eine globale Variable, z.B. *i* für eine Zählvariable. Greift man nun aus der Funktion/Prozedur auf *i* zu, wird immer die lokale Variable (die des Unterprogramms) angesprochen.

Die Parameter einer Prozedur oder Funktion werden ähnlich angegeben wir bei der Variablendeklaration. Variablen gleichen Typs können durch Kommas getrennt werden. Variablen unterschiedlichen Typs müssen durch Semikolons getrennt werden.

Beispiel:

```
FUNCTION Addiere (summand1, summand2: Integer): Integer;
```

Hier wurden die beiden Parameter *summand1* und *summand2* als *Integer*-Variablen im Funktionskopf deklariert. Auf diese Variablen kann nur aus der Funktion (gleiches gilt natürlich auch für Prozeduren) heraus zugegriffen werden.

Parameter angeben können wir auf zwei Arten: Entweder erfolgt der Zugriff als **Call-by-Value** oder **Call-by-Reference**.

Sehen Sie sich einmal folgendes Beispiel an:

```
PROGRAM Call_by_Reference_Beispiel;
USES Crt;
VAR i: LongInt;
PROCEDURE Inkrementieren (VAR Variable: LongInt);
BEGIN
  Variable := Variable + 1;
     (* ändert die globale Variable i, die referenziert wird.
        sonst würde diese Zeile auch nicht viel Sinn machen,
        da der geaenderte Wert nirgendwo verwendet wird *)
END;
BEGIN
  i := 5; (* initialisieren *)
  ClrScr;
  Inkrementieren (i);
  WriteLn ('Neuer Wert von i: ',i);
  ReadKey;
END.
```

Lassen Sie testweise im oberen Beispiel das *VAR* im Kopf der Prozedur *Inkrementieren* weg.

```
...
 PROCEDURE Inkrementieren (Variable: LongInt);
...
```

Was passiert? Am Ende wird dann immer noch 5 ausgegeben. In diesem Fall, eigentlich dem Normalfall, werden die Werte der Variablen, die Sie an das Unterprogramm übergeben, kopiert. Die Prozedur oder Funktion enthält also Kopien der Daten, die Sie übergeben. Das bezeichnet man als **Call-by-Value**.

Wird mit **Call-by-Value** ein Wert übergeben, wird der (lokale) Wert von *Variable* geändert, um 1 erhöht und dann wieder aus dem Speicher gelöscht. Im Beispiel steht vor *Variable* aber zusätzlich ein *VAR*, wodurch auf diese Variable mittels **Call-by-Reference** zugegriffen wird. Hier wird auf die Variable, die als Parameter übergeben wurde, direkt zugegriffen.

Es ist zudem wichtig zu wissen, dass bei **Call-by-Reference** immer eine Variable als Parameter übergeben werden muss. Folgendes wäre würde auf das obere Beispiel bezogen natürlich nicht funktionieren:

```
...
Inkrementieren (5);     (* geht nicht! *)
...
```

Zusammenfassend kann festgestellt werden, dass bei **Call-by-Value** der Variableninhalt bzw. der Inhalt einer Speicheradresse übergeben wird. Es entsteht eine Kopie der Speicherzelle mit dem gleichen Inhalt.

Bei **Call-by-Reference** hingegen wird die Variable bzw. die Speicheradresse selbst, die durch die Variable bezeichnet wird, übergeben. Änderungen wirken sich dann natürlich auf den Inhalt der Speicherzelle aus, da es sich ja um die gleiche Speicheradresse handelt.

3.11.2 Spezielles zu Funktionen

Kommen wir nun zu den Funktionen. Eine Funktion hat prinzipiell eine lokale Variable mit dem Namen *Result*, die nicht extra deklariert werden muss und mit der Sie einen Wert (Rückgabewert) an die aufrufende Instanz zurückgeben können.

Eine Alternative dazu besteht darin, den Funktionsnamen wie eine Variable zu behandeln und ihm den Wert zuweisen. Auch in diesem Fall wird liefert die entsprechende Variable einen Rückgabewert.

Die Beispiele zeigen die beiden Verfahrensweisen zur Rückgabe der Rückgabewertes.

```
...
FUNCTION Kreisflaeche (radius: Double): Double;
BEGIN
  Kreisflaeche := sqr(radius) * Pi;
END;
...
```

```
...
FUNCTION Kreisflaeche (radius: Double): Double;
BEGIN
  Result := sqr(radius) * Pi;
END;
...
```

Die Definition von Funktionen sieht ähnlich der von Prozeduren aus. Einige Veränderungen sind jedoch auch auf den ersten Blick erkennbar:

```
...
FUNCTION Kreisflaeche (radius: Double): Double;
...
```

Eine Funktion muss immer von einem bestimmten Typ sein. Hiermit legt man den Typ des Rückgabewertes fest (Rückgabetyp). Jede Funktion muss einen solchen Wert zurück liefern. Dem Funktionskopf folgt ein Doppelpunkt *:* und der Datentyp des Rückgabewertes (hier: *Double*).

Der zurückgelieferte Wert kann dann anschließend vom aufrufenden Programmteil weiterverarbeitet oder verworfen werden.

3.12 Dateiverarbeitung

3.12.1 Allgemeines

Während ein Programm läuft, können Sie die notwendigen Daten in Variablen des Programms speichern -- wenn es allzu viele sind. Was aber wird aus den Daten, wenn Sie das Programm beenden. In der Regel sind diese Daten danach verloren, wenn Sie nicht dafür sorgen, dass die Daten erhalten bleiben sollen.

Eine Möglichkeit zum dauerhaften Speichern von Daten (über die Laufzeit des Programms hinaus) sind Dateien. Jeder von Ihnen kennt etwa Dateien aus der Textverarbeitung. Und natürlich auch vom Programmieren selbst.

Wir betrachten nun, wie Programme selbst Dateien erstellen, Daten schreiben und Daten lesen können. Wir beschränken uns dabei hier auf reine Text-Dateien, also Dateien, in denen die Daten auch in einer für den Menschen lesbaren Form abgelegt werden.

Damit Sie mit Textdateien umgehen können, benötigen Sie einen neuen Datentyp *Text*. Für den Umgang mit diesem Datentyp und damit mit Text-Dateien, stehen Ihnen folgende Befehle zur Verfügung:

Befehl	Bedeutung
`AssignFile(Datei,Dateiname)`	Verbindet die Datei vom Typ *TextFile* mit der Datei mit dem angegebenen Dateinamen.
`ReWrite(Datei)`	Öffnet die Datei zum Überschreiben. Die bisher enthaltenen Daten werden gelöscht.
`Reset(Datei)`	Öffnet die Datei zum Lesen.
`Append(Datei)`	Öffnet die Datei zum Anhängen zusätzlicher Daten.

EOF(Datei)	Diese Funktion (*End of File*) liefert *true*, wenn das Ende der Datei erreicht ist, wenn also keine weiteren Daten mehr kommen.
ReadLn(Datei,Variable)	Liest eine Variable (String, Integer, Double) aus der Datei aus.
WriteLn(Datei,Variable)	Schreibt eine Variable (String, Integer, Double) in die Datei.
CloseFile(Datei)	Schließt die Datei. Am Ende des Programms oder der Dateimanipulation nicht vergessen, sonst können Daten verloren gehen.

Eventuell kann anstelle von *AssignFile* bzw. *CloseFile* auch *Assign* bzw. *Close* verwendet werden. Beide sind identisch. So wird beispielsweise *Assign* von *AssignFile* aufgerufen. *Assign* bzw. *Close* stehen jeweils für den reinen FPC-Modus (*Pascal*) während *AssignFile* bzw. *CloseFile* in den Compiler-Modes *ObjFPC* und *Delphi* zur Verfügung stehen. Diese sind allerdings in jüngeren *Lazarus*-Versionen (*Object Pascal*) der Regelfall.

3.12.2 Text-Datei lesen

Um Daten auf Dauer zu speichern, ist der Arbeitsspeicher ungeeignet. Spätestens nach dem Ausschalten des Computers gehen die Daten im Arbeitsspeicher verloren. Im Normalfall sogar bereits dann, wenn Sie das Programm beenden.

Eine Lösung stellt die Speicherung der Daten in Dateien dar, welche auf einem Datenträger abgelegt werden. Das nächste Beispiel demonstriert, wie eine beliebige Textdatei eingelesen werden kann.

Der gelesene Inhalt wird am Bildschirm ausgegeben:

```
PROGRAM Dateien_lesen;
USES Crt;
VAR Datei: Text;                   (* Dateizeiger              *)
    Gelesen, Pfad: String;
BEGIN
   ClrScr;
   WriteLn ('Welche Datei soll eingelesen werden: (Pfad)');
   ReadLn (Pfad);
   AssignFile (Datei, Pfad);       (* Pfad festlegen           *)
   Reset (Datei);                  (* Datei zum Lesen oeffnen *)
   REPEAT
      ReadLn (Datei, Gelesen);     (* eine Zeile lesen         *)
      WriteLn (Gelesen);           (* Zeile ausgeben           *)
   UNTIL EOF (Datei);              (* Dateiende-Prüfung        *)
   CloseFile (Datei);              (* Datei schliessen         *)
   ReadKey;
END.
```

Zunächst wird mit *AssignFile* der Pfad der festgelegt. Mit *Reset* wird die Datei dann zum Lesen geöffnet. Die darauf folgende Schleife wird solange ausgeführt, bis das Dateiende erreicht ist, dann liefert die Funktion *EOF* den Wert *True* zurück.

In der Schleife wird immer eine Zeile aus der Datei eingelesen und in der Variable *Gelesen* gespeichert. Anschließend wird mit *WriteLn* der Inhalt von *Gelesen* auf dem Bildschirm ausgegeben.

Aus dem vorigen Beispiel geht hervor, wie *ReadLn* zum Lesen aus Dateien verwendet wird. Bisher wurde *ReadLn* ja zum Lesen von der Tastatur eingesetzt.

```
ReadLn (Dateivariable, StringVariable);
```

Aus der Datei, auf die welche *Dateivariable* zeigt, wird eine Zeile eingelesen und in der angegebenen *StringVariable* gespeichert.

ReadLn lässt sich allerdings nur auf Text-Dateien anwenden. Bei allen anderen Datentypen muss *Read* zum Lesen verwendet werden, da es in Binär-Dateien keine richtigen Zeilenumbrüche gibt.

Wichtig ist auch, dass zuvor geöffnete Dateien nach Gebrauch immer geschlossen werden müssen. Sonst kann es vorkommen, dass andere Programme nicht mehr auf diese Datei zugreifen können.

Dateien schließen Sie mit der *CloseFile*-Anweisung.

3.12.3 Text-Datei schreiben

Das Schreiben in Text-Dateien funktioniert sehr ähnlich und ist auch nicht komplizierter als das Lesen aus einer Text-Datei. Zum Öffnen der Datei muss allerdings *ReWrite* anstelle von *Reset* verwendet werden.

Existiert eine Datei noch nicht, wird sie neu angelegt. Existiert sie bereits, wird sie überschrieben. Das geschieht ohne Vorwarnung.

Möchten Sie einen Text in eine Text-Datei anfügen (hinten anhängen), können Sie stattdessen *Append* zum Öffnen verwenden. In die Datei kann mit *Write* oder *WriteLn* geschrieben werden.

WriteLn bzw. *Write* muss wie folgt verwendet werden:

```
WriteLn (Dateivariable, Text);
```

Das folgende Beispiel demonstriert, wie ein beliebiger Text, den ein Benutzer eingibt, in eine Text-Datei geschrieben werden kann:

```
PROGRAM Dateien_schreiben;
USES Crt;
VAR Datei: Text;
    Schreiben, Pfad: String;
BEGIN
    ClrScr;
    WriteLn ('Pfad der zu Zieldatei:');
    ReadLn (Pfad);
    AssignFile (Datei, Pfad);
    ReWrite (Datei);        (* Datei zum Schreiben oeffnen! *)
```

```
    WriteLn ('Text eingeben');
    WriteLn ('Mit "exit" abschließen.');
    REPEAT
       ReadLn (Schreiben);
       IF Schreiben <> 'exit' THEN
          WriteLn (Datei, Schreiben); (* Zeile  schreiben *)
    UNTIL Schreiben = 'exit';         (* Abbruchbedingung *)
    CloseFile (Datei);                (* Datei schliessen *)
END.
```

3.12.4 Binär-Datei kopieren

Wie bereits erwähnt, können Sie Dateien auch binär einlesen. Das nächste Beispiel zeigt Ihnen einen typischen Anwendungsfall dafür. Das folgende Programm liest eine Datei und schreibt den Inhalt in eine neue Datei. Dabei werden die Dateien diesmal binär gelesen und geschrieben:

```
PROGRAM Dateien_kopieren;
USES Crt;
VAR Quelldatei, Zieldatei: FILE;     (* Achtung: Typ ist FILE *)
    Quelldatei_Pfad, Zieldatei_Pfad: String;
    Speichern: Char;
    Gelesen, Geschrieben: Integer;
BEGIN
    ClrScr;
    WriteLn ('Welche Datei soll kopiert werden:');
    ReadLn (Quelldatei_Pfad);
    WriteLn ('Name der Zieldatei:');
    ReadLn (Zieldatei_Pfad);
    AssignFile (Quelldatei, Quelldatei_Pfad);
    Reset (Quelldatei,1);     (* Zieldatei zum Lesen öffnen *)
    AssignFile (Zieldatei, Zieldatei_Pfad);
    ReWrite (Zieldatei,1);    (* Zieldatei zum Schreiben öffnen *)
    REPEAT
       BlockRead (Quelldatei, Speichern, 1, Gelesen);
       IF (Gelesen <> 0) THEN
          Blockwrite (Zieldatei, Speichern, 1, Geschrieben);
    UNTIL (Gelesen <> Geschrieben) OR (Gelesen = 0);
    CloseFile (Quelldatei);
    CloseFile (Zieldatei);
END.
```

Da dieses Beispiel sehr viel Neues enthält, soll es hier näher erläutert werden. Zunächst deklarieren Sie die zwei Variablen *Quelldatei* und *Zieldatei* vom Typ *FILE*.

Dieser Datentyp gewährleistet, dass die Daten einfach als binär angesehen werden. Beide Variablen brauchen Sie für den Zugriff auf die Dateien. Sie benötigen deshalb zwei Variablen, da beide Dateien gleichzeitig geöffnet werden. Aus der einen Datei lesen Sie die Daten, und in die andere Datei schreiben Sie die eben gelesenen Daten. Das geht solange, bis die *Quelldatei* komplett gelesen wurde.

In den Variablen *Quelldatei_Pfad* und *Zieldatei_Pfad* werden die Pfade der Quell- und Zieldatei gespeichert. Nachdem der Benutzer diese eingegeben hat, werden die Dateien geöffnet. Achten Sie bei beiden Eingaben darauf, dass Sie die kompletten absoluten Pfade angeben.

Die Quelldatei wird mit *Reset* nur zum Lesen geöffnet. Die Zieldatei wird mit *ReWrite* zum Schreiben geöffnet. Existiert die Zieldatei bereits, wird sie gnadenlos überschrieben.

Mit *BlockRead* ist es möglich, Daten aus einer Datei blockweise einzulesen und in einer Variable zu speichern. Blockweise bedeutet in diesem Fall, dass Sie bis zu 65536 Bytes auf einmal in einem Block einlesen können. Um diese abzuspeichern, benötigen Sie ein Array. Da Sie hier aber nur jeweils 1 Byte einlesen, reicht eine Char-Variable vollkommen aus.

Sollen jedoch größere Blöcke eingesetzt werden, ist ein Char-Array erforderlich:

```
...
  (* Array so gross wie die Blockgroesse *)
  Speichern: Array [1..1024] OF Char;
...
  BlockRead (Quelldatei, Speichern, 1024, Gelesen);
...
```

Beispiel: Blockgröße von 1 KB (1024 Byte)

Der erste Parameter bei *BlockRead* gibt die Dateivariable an, der zweite die Variable, welche die eingelesenen Daten aufnimmt.

Der dritte Parameter gibt an, wie groß die Datenmenge sein soll, die auf einmal gelesen werden soll (Blockgröße).

Der vierte Parameter (optional) gibt eine Variable an, die als Kontrolle dient, ob etwas gelesen wurde. Den Inhalt dieser Variable vergleicht man üblicherweise mit der Variable, welche bei *BlockWrite* angegeben wurde.

Der Aufbau der *BlockWrite*-Anweisung sieht es ebenso aus. Natürlich wird anstelle der Quelldatei die Variable angegeben, welche den Pfad der Zieldatei enthält.

3.12.5 Datei-Manipulationen

Für alle folgenden Befehle muss die Unit *SysUtils* in der Uses-Klausel eingebunden werden, was standardmäßig auch der Fall ist. Näheres zu dieser Unit, die noch sehr viele andere nützliche Befehle enthält, finden Sie auf den Dokumentationsseiten zu *SysUtils* des Lazarus-Projekts.

Löschen, Umbenennen und Erzeugen von Dateien

Ist erst einmal eine Datei erstellt, so kann es sein, dass sie irgendwann nicht mehr gebraucht wird und daher gelöscht werden soll. Oder aber der Name der Datei soll geändert werden.

Hierzu können Sie die folgenden beiden Befehle verwenden:

```
DeleteFile(Dateiname : String) : Boolean
```

Löscht die Datei mit dem gegebenen Dateinamen. Liefert *false* zurück, wenn die Datei nicht gelöscht werden konnte.

`RenameFile(AlterName, NeuerName : String) : Boolean`

Benennt eine Datei um. Liefert *false* zurück, wenn die Datei nicht umbenannt werden konnte.

Löschen, Umbenennen und Erzeugen von Ordnern

`RemoveDir(Ordnername : String) : Boolean`

Löscht den angegebenen Ordner. Liefert *false* zurück, wenn der Ordner nicht gelöscht werden konnte.

`RenameFile(Ordnername : String) : Boolean`

Benennt den angegebenen Ordner um. Liefert *false* zurück, wenn der Ordner nicht umbenannt werden konnte.

`ForceDirectories(Pfadname : String) : Boolean`

Erzeugt den gesamten angegebenen Pfad. Liefert *false* zurück, wenn das nicht möglich ist.

Überprüfen der Existenz von Dateien und Ordnern

`FileExists(Dateiname : String) : Boolean`

Liefert *true* zurück, wenn die Datei mit dem angegebenen Namen existiert.

`DirectoryExists(Ordnername: String) : Boolean`

Liefert *true* zurück, wenn der Ordner mit dem angegebenen Namen existiert.

Dateinamen und Pfade

Unter Windows besteht ein vollständiger Dateiname wie beispielsweise *C:\Programme\lazarus\bin\lazarus.exe* aus verschiedenen Bestandteilen:

- Dem Laufwerk (*C*)
- Dem Dateipfad (*C:\Programme\lazarus\bin*)
- bzw. dem Dateiordner (*C:\Programme\lazarus\bin*)
- Dem eigentlichen Dateimnamen (*lazarus.exe*)
- Der Dateiendung (*exe*)

Hinweis: Unter *Linux* gibt es keine Laufwerke. Hier gibt es nur Dateipfade, die ab der *root* (/) beginnen.

ExtractFileDrive(vollst_Dateiname : String) : String

Liefert das Laufwerk zurück.

ExtractFilePath(vollst_Dateiname : String) : String

Liefert den Dateipfad zurück.

ExtractFileDir(vollst_Dateiname : String) : String

Liefert den Dateiordner zurück.

ExtractFileName(vollst_Dateiname : String) : String

Liefert den eigentlichen Dateinamen zurück.

ExtractFileExt(vollst_Dateiname : String) : String

Liefert die Dateiendung zurück.

3.13 Exception-Handling

Exceptions (deutsch: Ausnahmen) sind Fehler, die während der Ausführung eines Programms auftreten können.

Exceptions werden immer dann ausgelöst, wenn es erst während des laufenden Programms zu unerlaubten Aufrufen kommt, die während der Kompilierung noch nicht zu erkennen waren.

Meist werden dabei falsche oder ungültige Daten an Routinen weitergegeben oder in Berechnungen eingebunden. Die häufigsten Fehler sind dabei *Divisionen durch Null* oder der Versuch, eine nicht vorhandene Datei zu laden.

Bei all solchen Laufzeitfehlern wird eine *Exception* ausgelöst, die Sie in Ihrem Programm abfangen und weiter behandeln können.

Exceptions sind spezielle Klassen, die in der Unit *SysUtils* definiert sind. Die wichtigsten *Exception*-Klassen sind ab Seite 158 aufgelistet.

Es wird versucht, alle Anweisungen unter *try* auszuführen. Wenn dabei eine *Exception* ausgelöst wird, springt das Programm in den *except*-Block und führt dort die Anweisung für die entsprechende *Exception* aus.

Falls die ausgelöste *Exception* dort nicht genannt ist, werden die Anweisungen unter *else* aufgerufen. Der *else*-Block muss nicht angegeben werden, dient aber dazu, ganz auf Nummer sicher zu gehen.

Nach der Behandlung des Fehlers wird das Programm normal fortgesetzt.

Im folgenden Beispiel wird reagiert, sobald die zu lesende Datei nicht gefunden wird:

```
PROGRAM Dateien_lesen;
USES Crt, SysUtils;
VAR Datei: Text;
    Gelesen, Pfad: String;
BEGIN
   ClrScr;
   WriteLn ('Welche Datei soll eingelesen werden: (Pfad)');
   ReadLn (Pfad);
   TRY
      AssignFile (Datei, Pfad);
      Reset (Datei);
      REPEAT
         ReadLn (Datei, Gelesen);
         WriteLn (Gelesen);
      UNTIL EOF (Datei);
      Close (Datei);
   EXCEPT
      on EInOutError do
         WriteLn('I/O-Fehler!');
   ELSE
         WriteLn('Unbekannter Fehler!');
   END;
...
```

In manchen Situationen will man sicher stellen, das bestimmte Anweisungen auch ausgeführt werden, wenn eine *Exception* auftritt. Wenn zum Beispiel in einer Routine eine Ressource zugewiesen wird, kann es wichtig sein, diese auch im Fehlerfall wieder freizugeben.

In diesem Fall wird eine *finally*-Anweisung verwendet. Der *finally*-Block wird in jedem Fall ausgeführt egal ob im *try*-Block eine *Exception* auftritt oder nicht. Dabei ist es unabhängig davon, wie der *try*-Block verlassen wird. Das heißt auch bei *Break*, *Exit* oder *Continue* werden die Anweisungen im *finally*-Block ausgeführt.

Solch ein Konstrukt bezeichnet man auch als Ressourcenschutzblock.

```
...
   TRY                                       //try-finally
     AssignFile (Datei, Pfad);
     TRY                                     //try-except
        Reset (Datei);
        REPEAT
           ReadLn (Datei, Gelesen);
           WriteLn (Gelesen);
        UNTIL EOF (Datei);
     EXCEPT
        on EInOutError do
           WriteLn('I/O-Fehler!');
     ELSE
           WriteLn('Unbekannter Fehler!');
     END;
  FINALLY
     Close (Datei);                         // Datei schliessen
  END;
...
```

3.14 Zufallszahlen

Bisher haben Sie Zahlenwerte immer entweder fest im Programm vorgegeben (etwa *a:=42*), vom Benutzer während der Eingabe erfragt (*ReadLn(a)*) oder aber irgendwie aus bereits bekannten Werten ausgerechnet (z.B. *a:=sqrt(c)*).

Für viele Anwendungen – vor allem für die, die ein bisschen Spaß machen – wäre es jedoch nett, zufällige Zahlen zu haben.

Das gilt beispielsweise für Glücksspiele genauso wie für Baller- und Geschicklichkeitsspiele .

Für solche Fragen ist der Befehl *random* nützlich. Ohne Klammer hinter dem Befehl (also etwa *x:=random;*) erzeugt der Befehl eine (reelle) Zufallszahl im Bereich zwischen 0 und 1.

Danach ist es mit ein bisschen Mathematik nicht schwierig, auch natürliche Zufallszahlen in beliebigen Zahlenbereichen zu basteln.

Allerdings nimmt Ihnen Pascal einem einen Teil dieser Arbeit ab, wenn man eine Zahl in Klammern hinter den Befehl schreibt (*k:=random(bereich);*). Der Computer liefert dann eine Zufallszahl zwischen 0 und *bereich* - 1.

Starten Sie ein Programm, das eine Zufallszahl erzeugen soll mehrfach, so ist allerdings zunächst die Enttäuschung groß. Denn es ist immer die gleiche Zahl bzw. die gleichen Zahlen, die gezogen werden.

Dem können Sie jedoch abhelfen, wenn Sie gleich nach dem Programmstart den Befehl *randomize;* ausführen. Dieser sorgt dafür, dass die Zufallszahlen tatsächlich bei jedem Programmlauf unterschiedlich sind.

Eine Zufallszahl von 1 bis 49 wird ermittelt, indem einmal im Programm die Anweisung *randomize;* aufgerufen wird. Die Anweisung *y := random(49) + 1;* ergibt dann die Zufallszahl.

Beispiel:

```
...
BEGIN
   WriteLn('5 Zufallszahlen zwischen 0 und 49');
   ReadLn;

   Randomize;

   for i := 0 to 5 do
   begin
      WriteLn(Random(49));
   end;
   ReadLn;
END.
```

3.15 Eigene Units erstellen

Nun haben Sie schon oft auf Bibliotheken (auch Units genannt) wie *Crt* oder *SysUtils* zurückgegriffen, jedoch müssen Sie sich nicht auf vorgefertigte Units beschränken.

Sie haben unter *Pascal* bzw. *Object Pascal* auch die Möglichkeit, eigene Units zu erstellen. Dies ist einfacher als Sie vielleicht denken. Units bieten Ihnen die Möglichkeit, Funktionen, Prozeduren, Variablen, Konstanten, Records, usw. allen Quelldateien zur Verfügung zu stellen, welche die Unit einbinden. Nehmen Sie die Unit *Crt* (steht übrigens für *Cathode Ray Tube* = Bildröhre) als Beispiel her. In ihr werden unzählige Funktionen, Prozeduren und Variablen deklariert und definiert, die zur Datenein- und -Ausgabe benötigt werden.

Falls Sie auch in *C* oder *C++* programmieren, können Sie eine Unit nur bedingt mit einer Headerdatei vergleichen. Während in einer Headerdatei in *C/C++* nur Deklarationen stehen können, sind Definitionen in Units nicht nur erwünscht, sondern auch Pflicht. *Java*-Programmierer können Units eher mit den Klassen-Bibliotheken vergleichen, welche über ein Java-Archiv (*JAR*) zur Verfügung gestellt werden. *Python*-Programmierer hingegen bezeichnen ihre Bibliotheken als Module und Pascal-Programmierer eben als Units.

Bei Programmen war es bisher egal (optional), ob eine *PROGRAM*-Zeile vorhanden war oder nicht. Bei Units hingegen ist das anders. In der ersten Zeile muss *UNIT* sowie der Name der Unit stehen.

Betrachtet man den Aufbau einer Unit, besteht diese grob gesagt aus zwei Teilen, einem Deklarations- und einem Definitionsteil. Der Deklarationsteil wird mit dem Schlüsselwort *INTERFACE*, der Definitionsteil mit *IMPLEMENTATION* eingeleitet. Das Ende symbolisiert wie bei Programmen ein abschließendes *END.* .

Aufbau einer Unit:

```
UNIT Name;
INTERFACE
  Deklarationen
  ...
  ...
IMPLEMENTATION
  Definitionen
  ...
  ...
BEGIN
  Initialisierungen
  ...
  ...
END.
```

Nachdem eine Unit erstellt wurde, muss diese kompiliert werden. Damit das funktioniert, muss die abgespeicherte Projekt-Datei den selben Namen wie die Unit tragen. Die fertige Unit können Sie dann per *USES*-Anweisung in Ihre anderen Programme einbinden.

Das folgende Beispiel zeigt Ihnen, wie eine sehr einfache Unit erstellen und in ein Programm einbinden können.

Unit MyMath:

```
UNIT MyMath;
INTERFACE
   FUNCTION Kreisflaeche (radius: Double): Double;
   FUNCTION Kreisumfang (radius: Double): Double;

IMPLEMENTATION
   FUNCTION Kreisflaeche (radius: Double): Double;
   BEGIN
      Kreisflaeche := sqr(radius) * Pi;
   END;
   FUNCTION Kreisumfang (radius: Double): Double;
   BEGIN
      Kreisumfang := radius * 2 * Pi;
   END;
END.
```

Aufrufendes Hauptprogramm:

```
PROGRAM Hauptprogramm;
USES Crt, MyMath;
VAR r, flaeche, umfang: Double;
BEGIN
   r := 5.00;
   flaeche := Kreisflaeche(r);
   umfang := Kreisumfang(r);
   ClrScr;
   WriteLn ('Kreisfläche: ',flaeche:5:2);
   WriteLn ('Kreisumfang: ',umfang:5:2);
   ReadKey;
END.
```

Wichtig ist, dass Sie durch die Erstellung einer Unit Zeit sparen, denn Sie müssen die Prozeduren und Funktionen bzw. all die Variablen und Konstanten nicht immer wieder neu definieren, wenn diese in verschiedenen Programmen benötigen werden.

3.16 Klassen und Objekte

Wir verlassen nun *Pascal* und widmen uns dem objektorientierten Teil von *Object Pascal*.

Die Grundlage für die objektorientierte Programmierung, kurz OOP, bilden Klassen. Diese kapseln, ähnlich wie Records, verschiedene Daten zu einer Struktur (siehe Seite 62 ff). Gleichzeitig liefern sie Methoden mit, welche die vorhandenen Daten bearbeiten. Der Vorteil von Klassen besteht also darin, dass man mit ihnen zusammengehörige Variablen, Funktionen und Prozeduren zusammenfassen kann. Weiterhin können - bei entsprechender Implementation - die Daten einer Klasse nicht *von außen* geändert werden. Diesen Umstand nennt man Datenkapselung.

3.16.1 Aufbau einer Klasse

Vielleicht nehmen Sie das Beispiel aus dem vorhergehenden Abschnitt auf, um eine Klasse für einen Kreis zu bilden. Der Aufbau erinnert an den Aufbau eines *Record*.

```
PROGRAM Kreisklasse;
TYPE
   TKreis = CLASS
      radius: Double;
      flaeche: Double;
      umfang: Double;
      durchmesser: Double;
   END;

VAR
   myKreis: TKreis;

BEGIN
   myKreis := TKreis.Create;
   myKreis.radius := 1.00;
   myKreis.Free;    // bzw. myKreis.Destroy;
END.
```

Hier können Sie bereits einen Unterschied zu *Records* erkennen: Während man jederzeit auf die Daten eines *Records* zugreifen kann, muss bei einer Klasse zunächst Speicher angefordert und zum Schluss wieder freigeben werden.

Im Beispiel oben wird durch die Methode *Create* ein Objekt *myKreis* aus der Klasse *TKreis* erzeugt. Wie beispielsweise viele Variable den gleichen Datentyp besitzen, können Sie auch aus einer Klasse beliebig viele Objekte erzeugen (instanziieren). Die Klasse ist demnach der Bauplan wie ein Objekt dieser Klasse beschaffen ist.

Die speziellen Methoden *Create* und *Destroy* bzw. *Free* sind in jeder Klasse enthalten und müssen nicht gesondert programmiert werden.

Zur Freigabe des Speichers sollte dabei *Free* bevorzugt verwendet werden.

3.16.2 Sichtbarkeit der Daten

Im oben gezeigten Beispiel kann auf die Variablen wie bei einem *Record* zugegriffen werden. Dies sollten Sie jedoch unter allen Umständen vermeiden.

Hierfür gibt es eine ganze Reihe von Möglichkeiten. Zunächst einmal können Felder, sowie Methoden und Eigenschaften einer Klasse nach außen hin versteckt werden. Das erreicht man mit entsprechenden Schlüsselwörtern, welche Einfluss auf die Sichtbarkeit der Variablen haben:

`PRIVATE`

Auf diese Daten kann von außerhalb der Klasse nicht zugegriffen werden

`PROTECTED`

Auf solche Variablen können Sie nur innerhalb der Klasse und ihrer Nachfahren (erbenden Klassen) zugreifen.

`PUBLIC`

Diese Variablen sind uneingeschränkt zugänglich

Das entsprechende Schlüsselwort wird der Gruppe von Daten vorangestellt, für die diese Sichtbarkeit gelten soll.

Damit Sie nun die Variablen Ihrer Klasse vor unberechtigtem Zugriff von Außen schützen, schreiben Sie:

```
PROGRAM Kreisklasse;
TYPE
   TKreis = CLASS
   PRIVATE
      radius: Double;
      flaeche: Double;
      umfang: Double;
      durchmesser: Double;
   END;
...
```

3.16.3 Methoden

Wie erhalten Sie nun aber Zugriff auf die Klassenvariablen? Dies erreichen Sie über öffentlich zugängliche Methoden, mit denen die Daten ausgelesen und geändert werden können.Eine Methode ist eine fest mit der Klasse verbundene Funktion oder Prozedur. Daher wird sie auch wie Variablen direkt innerhalb der Klasse definiert:

```
PROGRAM Kreisklasse;
TYPE
   TKreis = CLASS
   PRIVATE
      radius: Double;
      flaeche: Double;
      umfang: Double;
      durchmesser: Double;

   PUBLIC
      FUNCTION getRadius(): Double;
      PROCEDURE setRadius(r: Double);
   END;

   FUNCTION TKreis.getRadius(): Double;
   BEGIN
      Result := radius;
   END;

   PROCEDURE TKreis.setRadius(r: Double);
   BEGIN
      radius := r;
   END;

VAR
   myKreis: TKreis;

BEGIN
   myKreis := TKreis.Create;
   myKreis.setRadius(1.00);
   WriteLn(myKreis.getRadius);
   myKreis.Free;
END.
```

Fügen Sie nun in einem weiteren Schritt weitere Funktionen als Methoden hinzu, welche Ihnen die Ergebnisse aus den Berechnungen für die Kreisfläche, den Kreisumfang und den Durchmesser liefern. Alle Methoden liefern einen Rückgabewert vom Typ *Double*.

```
PROGRAM Kreisklasse;
TYPE
  TKreis = CLASS
  PRIVATE
     radius: Double;
     flaeche: Double;
     umfang: Double;
     durchmesser: Double;
  PUBLIC
     FUNCTION getRadius(): Double;
     FUNCTION getUmfang(): Double;
     FUNCTION getFlaeche(): Double;
     FUNCTION getDurchmesser(): Double;
     PROCEDURE setRadius(r: Double);
  END;

  FUNCTION TKreis.getRadius(): Double;
  BEGIN
     Result := radius;
  END;

  FUNCTION TKreis.getUmfang(): Double;
  BEGIN
     umfang := radius * 2 * Pi;
     Result := umfang;
  END;

  FUNCTION TKreis.getFlaeche(): Double;
  BEGIN
     flaeche := radius * radius * Pi;
     Result := flaeche;
  END;

  FUNCTION TKreis.getDurchmesser(): Double;
  BEGIN
     durchmesser := radius * 2;
     Result := durchmesser
  END;
```

```
  PROCEDURE TKreis.setRadius(r: Double);
  BEGIN
     radius := r;
  END;

VAR
  myKreis: TKreis;

BEGIN
  myKreis := TKreis.Create;
  myKreis.setRadius(1.50);
  WriteLn('Radius:       ', myKreis.getRadius():5:2);
  WriteLn('Kreisfläche: ', myKreis.getFlaeche():5:2);
  WriteLn('Kreisumfang: ', myKreis.getUmfang():5:2);
  WriteLn('Durchmesser: ', myKreis.getDurchmesser():5:2);
  myKreis.Free;
END.
```

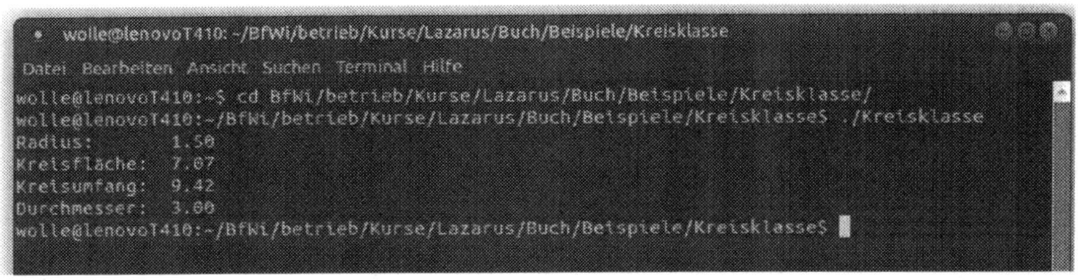

3.16.4 Datenkapselung

Da die Methoden *setRadius*, *getRadius*, *getFlaeche*, *getUmfang* und *getDurchmesser* Mitglieder der Klasse *TKreis* sind, können diese auf die privaten Variablen *radius*, *flaeche*, *umfang* und *durchmesser* zugreifen. Ein Zugriff auf diese Variablen von außerhalb der Klasse ist nur über die bereitgestellten, öffentlichen Methoden möglich.

Dadurch erreichen Sie einen kontrollierten Zugriff auf Methoden bzw. Variablen von Klassen. Der interne Zustand der Klasse kann nicht in unerwarteter Weise verändert werden. Die Objekte der Klasse haben somit eine Schnittstelle, die darüber bestimmt, auf welche Weise mit dem Objekt der Klasse interagiert werden kann.

4 GUI-Anwendungen mit der RAD-IDE

Nachdem Sie nun die Grundlagen der Programmiersprache Pascal erfahren haben, können Sie sich daran machen, eigenen Anwendungen mit grafischer Benutzeroberfläche zu entwickeln.

Eine grafische Benutzeroberfläche (GUI) wird in einer RAD-IDE durch Drag&Drop erstellt: In der Komponentenpalette wählt man das Steuerelement durch einen einfachen Klick aus und bewegt dann die Maus an die Stelle, an der die linke obere Ecke des Steuerelementes sein soll. Danach zieht man mit der Maus nach rechts unten, bis die gewünschte Position erreicht ist. Anschließend kann man im Objektinspektor die Eigenschaften des Steuerelements ändern, wie z.B. die Aufschrift (*Caption*, *Text* oder *Lines*), Schriftart, -größe, -farbe etc. (*Font*) ändern.

Um ein Ereignis zu programmieren, welches bei einer bestimmten Aktion geschehen soll, suchen Sie im Objektinspektor die Registerseite *Ereignisse* und wählen das entsprechende Ereignis durch Doppelklick auf das leere Feld hinter dem Namen der Methode aus.

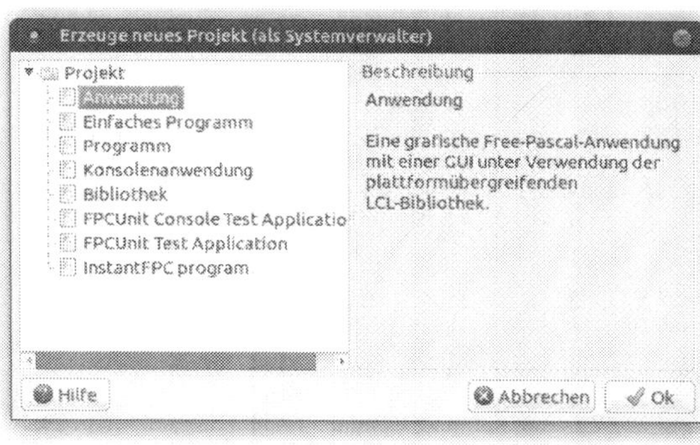

Um nun mit der Entwicklung einer GUI-Anwendung (GUI = *Graphical User Interface*) zu starten, erstellen Sie ein neues Projekt und wählen die Option *Anwendung* aus.

4.1 Oberflächen-Design

Für ein HelloWorld-Programm wählen Sie in der Menü-Leiste das Symbol für ein *Label* (grün) aus und ziehen Sie es im *Form1*-Fenster auf die gewünschte Größe.

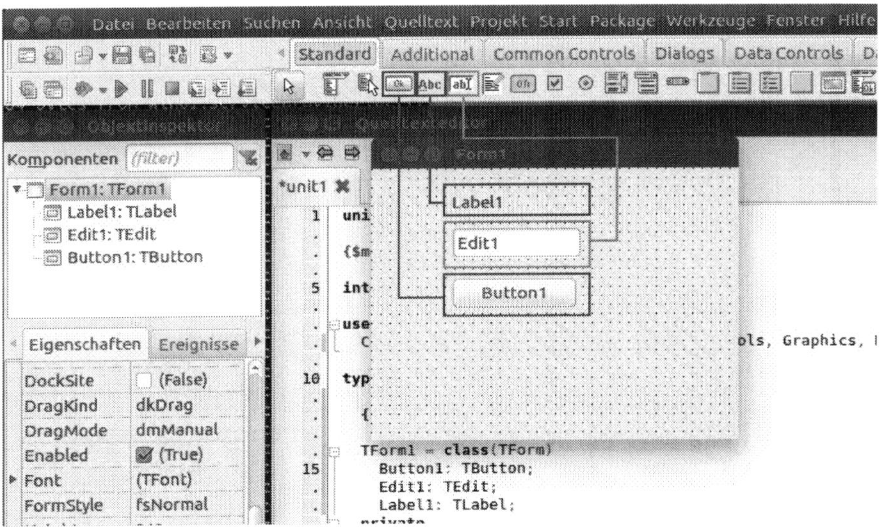

Das gleiche Vorgehen wenden Sie nun für einen *Button* (rot) und ein *Eingabefeld* (gelb) an.

Markieren Sie als nächstes das *Label*-Steuerelement und vergeben Sie für dieses Steuerelement im *Objektinspektor* einen Variablennamen (Eigenschaft *Name*).

Die Steuerelement können jederzeit per Drag&Drop angefasst und an einen neuen Ort verschoben werden.

Auch die Höhe und Breite eines Steuerelementes lässt sich so im Nachhinein noch verändern.

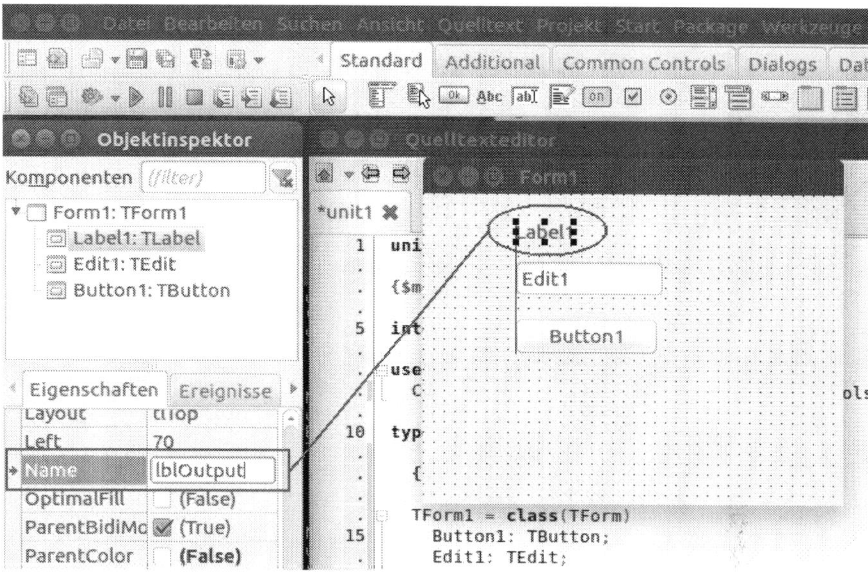

Bei der Vergabe von Variablennamen gehört es mittlerweile zum guten Stil, den Objekttyp des Steuerelementes als dreistelligen Wert dem eigentlichen Variablennamen voranzustellen. So wird beispielsweise aus der Variable *output* die Variable *lblOutput*, da es sich bei dieser Variable um ein Objekt vom Typ *Label (lbl)* handelt.

Zudem sollten Sie Variablennamen immer mit einem Kleinbuchstaben beginnen. Diese Richtlinien sind zwar nicht zwingend erforderlich, haben sich aber bei der Durchsicht längerer Codestrecken als hilfreich erwiesen.

Diese Kürzel für Objekttypen der GUI-Programmierung werden in der Regel benutzt:

- *lbl* Label
- *txt* Textbox (Edit-Feld)
- *btn* Button
- *lst* Listbox
- *cmb* Combobox
- *chk* Checkbox
- *rad* Radiobutton

Aber nun wieder zurück zu unserer Variablen *lblOutput*. Um dieser Variablen einen Initialwert zuzuweisen, füllen Sie die *Caption*-Eigenschaft im Objektinspektor mit dem Wert „-“.

Sofort ändert sich auch der Inhalt Ihres Labels *lblOutput* im Fenster *Form1*.

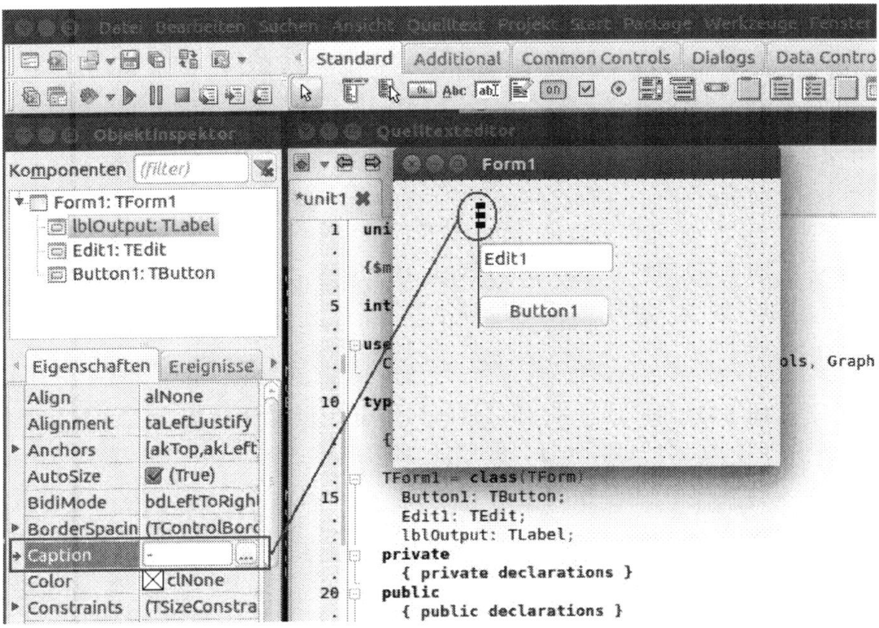

Verfahren Sie ebenso bei der Aufbereitung des Buttons auf *Form1*. Vergeben Sie als Name *btnStart* und als Caption-Eigenschaft den Wert *Start*.

Für das Eingabefeld wählen Sie den Namen *txtInput*. In der Text-Eigenschaft entfernen Sie den Inhalt, so dass das Feld mit einem Leerstring initialisiert wird.

4.2 Interaktionen

Nachdem Sie die Oberfläche nach Ihren Wünschen erstellt und die Steuerelemente entsprechend angeordnet haben, geht es nun daran, das Programm mit Leben zu füllen.

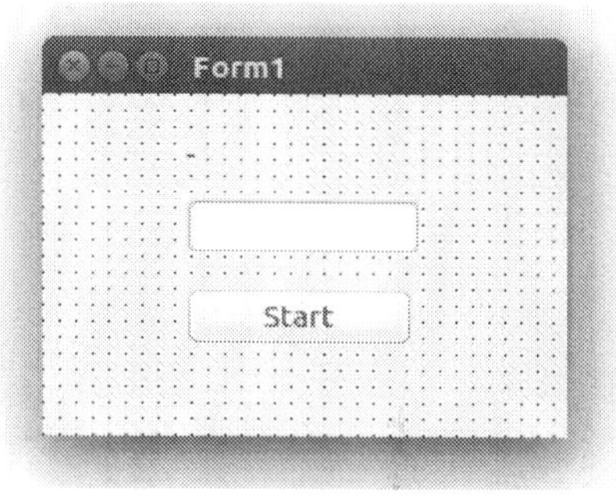

Konkret soll erreicht werden, dass bei einem Klick auf den Button *btnStart* der Label *lblOutput* den Wert *Hello World* erhalten und anzeigen soll.

Entscheidend für die Ausführung ist der Zeitpunkt des Mausklicks auf den Button *btnStart*.

Man spricht in der GUI-Programmierung auch von einem Ereignis oder Event.

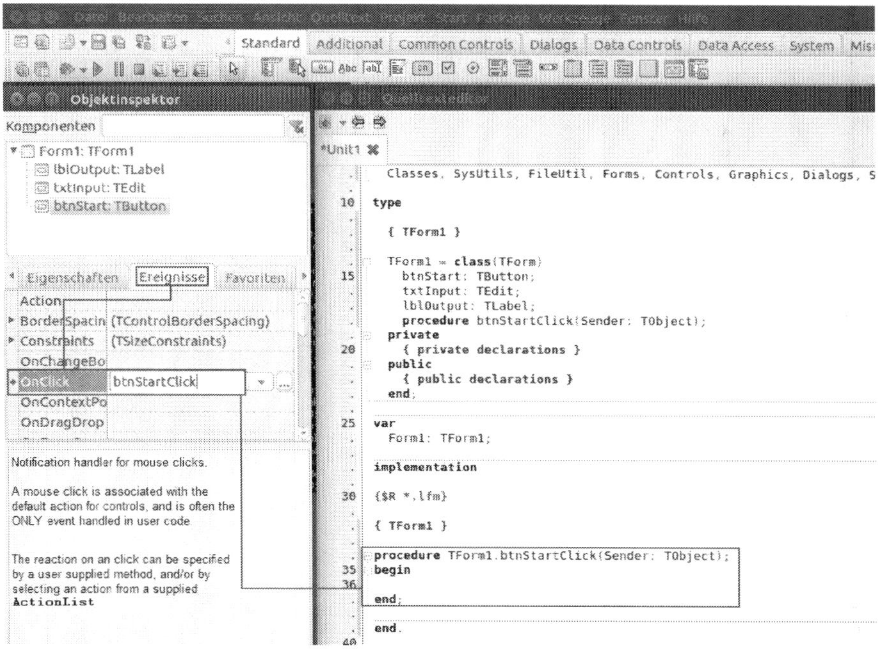

Für jedes dieser Ereignisse steht eine Methode zur Verfügung, die dann ausgeführt wird, wenn das Ereignis beim Programmlauf auftritt. Diese Methoden werden auch als *Eventhandler* bezeichnet.

So können jedem Steuerelement eine Reihe von Ereignissen zugeordnet werden, die beim Programmlauf je nach Benutzerverhalten auftreten können.

Sobald Sie den Cursor auf ein bestimmtes Ereignis setzen (hier Click), erhalten Sie im Eigenschaftsfenster eine Beschreibung, wann dieses Ereignis ausgelöst wird.

Im Programm soll nun der Wert unserer Variablen *lblOutput* verändert werden, wenn der Benutzer auf den Button *btnStart* klickt.

Es muss nun also der Button mit dem Click-Ereignis verbunden werden, um dann der zugehörigen Methode den entsprechenden Programmcode zu hinterlegen.

Um die vordefinierte – zunächst leere – Methode für dieses Ereignis aufzurufen, müssen Sie die Click-Eigenschaften in der Ereignis-Ansicht des Eigenschaftenfensters doppelt anklicken.

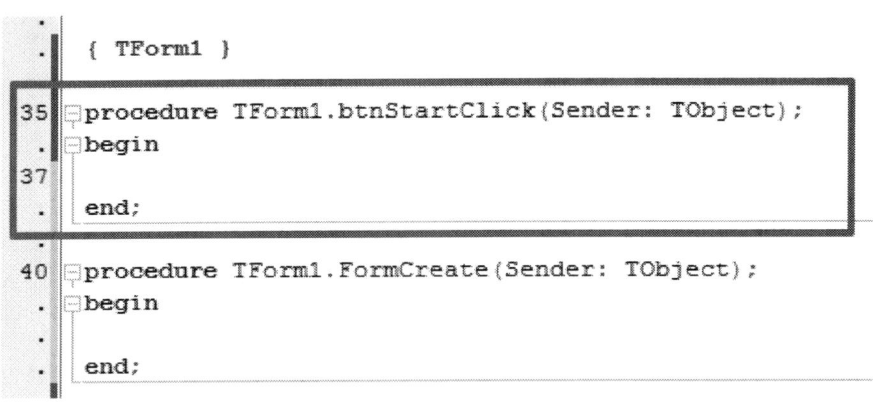

Nun wird der Quellcode-Editor gestartet, in dem Sie den Programmcode für die Methode *btnStartClick* erfassen können.

```
procedure TForm1.btnStartClick(Sender: TObject);
begin
  lblOutput.Caption:= txtInput.Text;
end;
```

In dieser Methode können Sie nun den Wert der Variablen *lblOutput* verändern, indem Sie ihr den in das Eingabefeld (*txtInput*) einzugebenden Text zuweisen.

Nun haben Sie bereits Ihre erste GUI-Anwendung entwickelt, die allerdings noch getestet werden muss.

4.3 Entwickler-Test

Um einen Entwickler-Test durchzuführen, ist es möglich, das derzeit in Bearbeitung stehende Programm aus der IDE heraus zu starten.

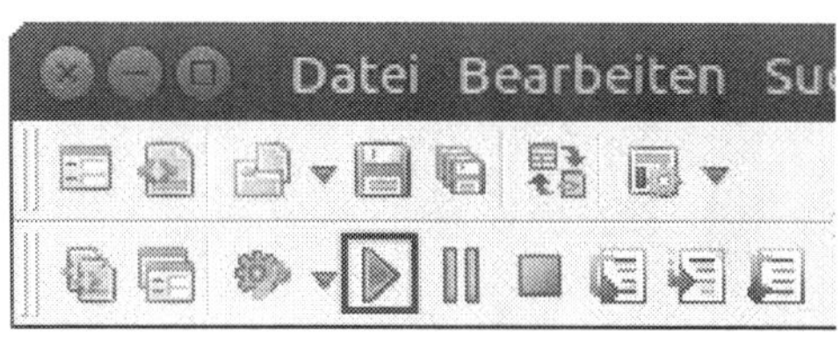

Wechseln Sie dazu wieder in die Entwurfsansicht, und klicken Sie auf den grünen Pfeil in der Symbolleiste oder benutzen Sie die Funktionstaste *F9*.

Das Programm wird nun gestartet und kann in seiner Funktion getestet werden.

Nachdem Sie nun bereits die ersten Schritte im Umgang mit der IDE hinter sich gebracht haben, sollten Sie die erworbenen Kenntnisse üben.

Sehen Sie sich dazu die Übungen 1 bis 3 im Anhang (S. 160) an.

4.4 Weitere Steuerelemente

4.4.1 ListBox

Oft ist es erforderlich, dem Benutzer zur Laufzeit eine Auflistung von Elementen in Form von Text-Elementen anzubieten.

Aus dieser Auflistung kann der Benutzer dann ein oder auch mehrere Text-Elemente auswählen.

Die *Lazarus Component Library* (LCL) stellt zu diesem Zweck die Klasse *LTListBox* zur Verfügung. Ziehen Sie eine *ListBox* in Ihr Form-Fenster um ein *ListBox*-Objekt zu erzeugen und benennen Sie sie *ListBox* mit *lstNamen*.

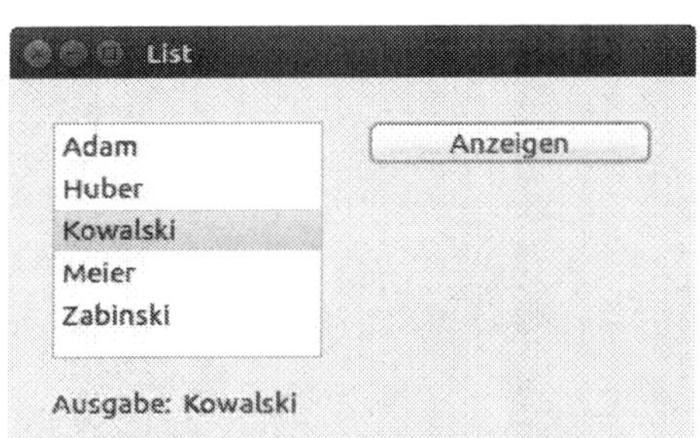

Auf die von der *ListBox* verwalteten Einträge können Sie über die Eigenschaft *Items* zugreifen.

Eine *ListBox* kann mit einer *StringList* (siehe Seite 58) gefüllt werden.

```
...
type
   { TForm1 }
   TForm1 = class(TForm)
      btnAnzeigen: Tbutton;
      lblAusgabe: Tlabel;
      lstNamen: TlistBox;
      procedure btnAnzeigenClick(Sender: Tobject);
      procedure FormCreate(Sender: TObject);
   private
     { private declarations }
   public
     { public declarations }
   end;
var
   Form1: TForm1;
   strNamenList: TstringList;
   i: Integer;
implementation
  {$R *.lfm}
  { TForm1 }

...
procedure TForm1.FormCreate(Sender: Tobject);
begin
  strNamenList := TstringList.Create;
  strNamenList.Add('Meier');
  strNamenList.Add('Huber');
  strNamenList.Add('Zabinski');
  strNamenList.Add('Adam');
  strNamenList.Add('Kowalski');
  strNamenList.Sort;
  lstNamen.MultiSelect := true;
  lstNamen.Items := strNamenList;
end;
procedure TForm1.btnAnzeigenClick(Sender: Tobject);
begin
  lblAusgabe.Caption := 'Ausgabe: ';
  for i:=0 to lstNamen.items.Count-1 do
  begin
    if(lstNamen.Selected[i]) then
      lblAusgabe.Caption := lblAusgabe.Caption + ' ' +
                                 lstNamen.Items[i];
  end;
end;
...
```

Folgende Eigenschaften eines *ListBox*-Objektes werden häufig benötigt:

MultiSelect	Mehrfachauswahl möglich wenn *true*, Default ist *false*.
Items	Enthält ein Array mit allen Einträgen
Selected	Ein Array aller ausgewählten Einträge

Die Methoden und Eigenschaften (*Add*, *Count*, etc.), die Sie im Zusammenhang mit der Liste kennen gelernt haben (siehe Seite 58), können auch auf *ListBox.Items* bzw. *ListBox.Selected* angewandt werden.

4.4.2 ComboBox

Eine *ComboBox* (Klasse *TComboBox*) ähnelt einer *ListBox* mit einfacher Auswahl – nicht nur hinsichtlich der Funktionalität, auch die Programmierung unterscheidet sich nur unwesentlich.

Zwei Eigenschaften der *ComboBox* geben den *Index* bzw. den *Text* des ausgewählten Elements zurück:

SelectedIndex und *SelectedItem*.

SelectedIndex liefert den Index beginnend bei 0 des ausgewählten Elements, *SelectedItem* den Text des ausgewählten Listenelements.

Wenn Sie die Einstellung *ReadOnly* auf *true* setzen, wird der Textbereich der *ComboBox* gegen Tastatureingaben gesperrt.

Der Benutzer hat dann nur noch die Möglichkeit, aus dem Listenbereich auszuwählen (Empfehlung).

```
...
procedure TForm1.cmbLaenderChange(Sender: TObject);
begin
  lblAusgabe.Caption:= 'Index: '
                     + inttostr(cmbLaender.ItemIndex)
                     + #10#13
                     + 'Item: '
                     + cmbLaender.Items[cmbLaender.ItemIndex];
end;
...
```

Bei einem Label kann durch `#10#13` ein Zeilenumbruch erzeugt werden.

4.4.3 CheckBox

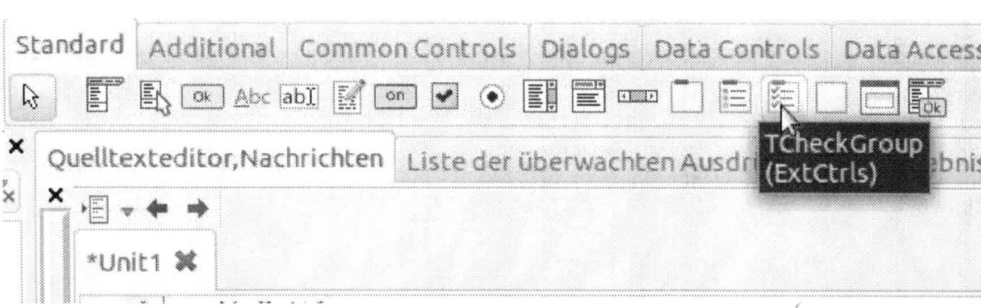

Nicht selten ist es erforderlich, dem Benutzer zur Laufzeit die Auswahl mehrerer Optionen anzubieten. Dazu stellt die RAD-IDE die Klasse *TCheckGroup* zur Verfügung.

Neben dem bereits erwähnten Steuerelement *ListBox* kann damit auch das Steuerelement *CheckBox* eingesetzt werden.

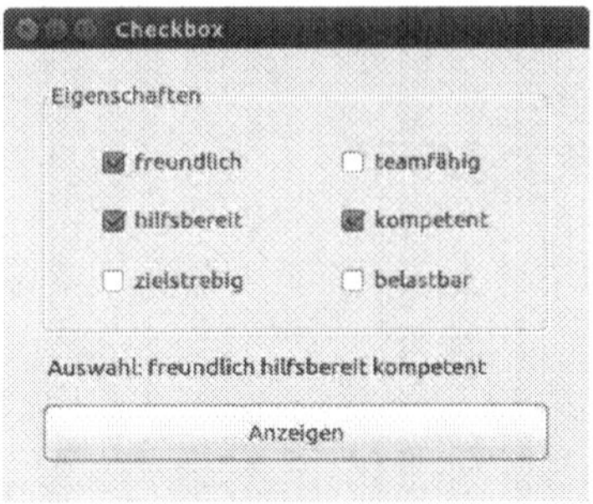

Aus einer Aneinanderreihung von Optionsfeldern kann der Benutzer dann ein oder auch mehrere Optionen auswählen.

Jedes Optionsfeld stellt eine boolsche Auswahl zur Verfügung deren *Checked*-Eigenschaft erfüllt (*true*) oder unerfüllt (*false*) sein kann.

Auf das von einer *CheckBox* verwaltete Optionsfeld kann mit der Eigenschaft *Checked* zugegriffen werden. *True* bedeutet, die *Checkbox* besitzt einen Haken. Auf den beigestellten Text der *Checkbox*, wird über die Eigenschaft *Caption* zugegriffen.

```
...
procedure TForm1.btnAnzeigeClick(Sender: TObject);
begin
 lblAusgabe.Caption:='Auswahl: ';
 if(chkFreundlich.Checked) then
 lblAusgabe.Caption := lblAusgabe.Caption + chkFreundlich.Caption + ' ';
 if(chkTeamfaehig.Checked) then
  lblAusgabe.Caption := lblAusgabe.Caption + chkTeamfaehig.Caption + ' ';
 if(chkHilfsbereit.Checked) then
  lblAusgabe.Caption := lblAusgabe.Caption + chkHilfsbereit.Caption + ' ';
 if(chkKompetent.Checked) then
  lblAusgabe.Caption := lblAusgabe.Caption + chkKompetent.Caption + ' ';
 if(chkZielstrebig.Checked) then
  lblAusgabe.Caption := lblAusgabe.Caption + chkZielstrebig.Caption + ' ';
 if(chkBelastbar.Checked) then
  lblAusgabe.Caption := lblAusgabe.Caption + chkBelastbar.Caption + ' ';
end;
...
```

Das hier gezeigte Beispiel zeigt die ausgewählten Optionsfelder in einem Label (*lblAusgabe*) an.

Es ist sinnvoll, alle Optionsfelder in einem Rahmen (*GroupBox*) optisch zusammenzufassen.

4.4.4 RadioButton

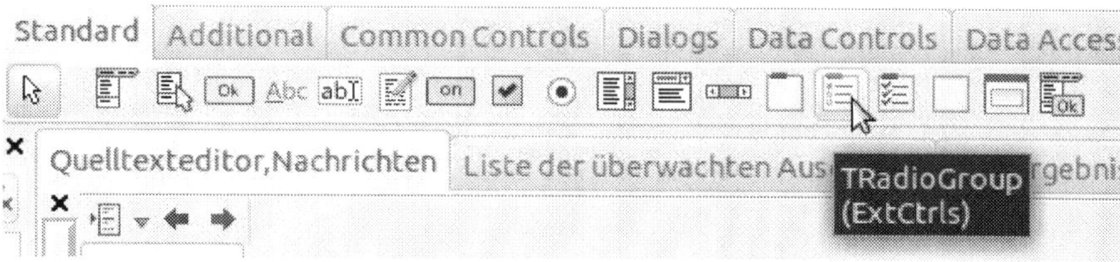

Manchmal erscheint es sinnvoll, dem Benutzer zur Laufzeit eine Auswahl mehrerer Optionen anzubieten, von denen aber nur exakt eine ausgewählt werden darf.

Neben dem bereits erwähnten Steuerelement *ComboBox* kann hierfür auch das Steuerelement *RadioButton* eingesetzt werden.

Aus einer Aneinanderreihung mehrerer Optionsfelder kann der Benutzer dann genau eine Option auswählen.

Auf das von einem *RadioButton* verwaltete Optionsfeld kann auch hier mit der Eigenschaft *Checked* zugegriffen werden. *True* bedeutet, der *RadioButton* ist gesetzt. Auf den beigestellten Text des *RadioButtons*, wird ebenfalls über die Eigenschaft *Caption* zugegriffen.

```
...
procedure TForm1.btnAnzeigeClick(Sender: TObject);
begin
 if(radWeiblich.Checked) then
    lblAusgabe.Caption:= 'Es wurde weiblich ausgewählt!';
 if(radMaennlich.Checked) then
    lblAusgabe.Caption:= 'Es wurde männlich ausgewählt!';
end;
...
```

Es ist erforderlich, alle Optionsfelder in einem Rahmen

(*GroupBox*) zusammenzufassen. Dies ist hauptsächlich dann notwendig, wenn im Formular mehrere Abfragen durch *RadioButtons* beantwortet werden sollen.

4.5 System-Dialoge

4.5.1 Message-Boxen

Als Pendant zur Methode *Write()* oder *WriteLn()* bei Konsolenanwendungen (CLI), gibt es für GUI-Anwendungen die Methoden *ShowMessage()* und *MessageDlg*.

Diese Methoden erzeugen ein Meldungsfenster, das standardgemäß mit einem *OK*-Button und einem Text erscheint.

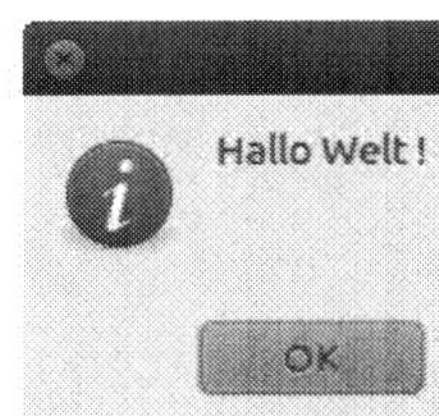


```
...
  ShowMessage('Hallo Welt !');
...
```

Dieses Resultat erreichen Sie aber auch mit der etwas leistungsfähigeren Methode *MessageDlg()*.

```
...
  MessageDlg(' ','Ja gedrückt', mtInformation, [mbYes], 0);
...
```

Diese Methode erlaubt dem Software-Entwickler beachtliche Kontrolle über das Erscheinungsbild der Dialogbox.

Die Parameter, welche die Art der Box und ihr Icon definieren, sind eigentlich Integer-Konstanten, und die Schaltflächen können spezifiziert werden als Menge dieser Konstanten in eckigen Klammern.

Diese *MessageDlg*-Methode erhält insgesamt fünf Parameter:

- Text für die Titlebar
- Meldungstext
- Icon-Typ
- Schaltflächen-Konfiguration
- HelpCtx-Parameter

Der Text für die *Titlebar* und der *Meldungstext* sind jeweils vom Datentyp *String*.

Der Icon-Typ beschreibt, welches Symbol im Dialog angezeigt werden soll.

Folgende Icon-Typen stehen dazu zur Verfügung:

Icon-Typ	**Symbol**
`mtWarning`	Es wird ein Warnsymbol (!) angezeigt
`mtError`	Das Fehlersymbol (rotes X) wird angezeigt
`mtInformation`	Das Symbol für Information (i) wird angezeigt
`mtConfirmation`	Das Fragesymbol (?) wird angezeigt
`mtCustom`	Es wird kein Symbol angezeigt

Für die Schaltflächen-Konfiguration, stehen folgende Konstanten zur Verfügung, die beliebig innerhalb einer Array-Klammerung (`[]`) miteinander kombiniert werden können:

Konstante	Schaltfläche
`mbYes`	Zeigt den Ja-Button an
`mbNo`	Zeigt den Nein-Button an
`mbOK`	Zeigt den Ok-Button an
`mbCancel`	Zeigt den Abbruch-Button an
`mbAbort`	Zeigt den Abort-Button an
`mbRetry`	Zeigt den Wiederholen-Button an
`mbIgnore`	Zeigt den Ignore-Button an
`mbAll`	Zeigt den All-Button an
`mbNoToAll`	Zeigt den No-to-All-Button an
`mbYesToAll`	Zeigt den Yes-to-All-Button an
`mbHelp`	Zeigt den Hilfe-Button an

Die *Lazarus Component Library* (LCL) unterstützt eine Anzahl von vordefinierten Schaltflächenkombinationen.

Bei Verwendung dieser Kombinationen kann auf die Array-Klammerung ([]) verzichtet werden.

Kombination	**Entspricht**
`mbYesNoCancel`	`[mbYes, mbNo, mbCancel]`
`mbYesAllNoAllCancel`	`[mbYes, mbYesToAll, mbNo, mbNoToAll, mbCancel]`
`mbOKCancel`	`[mbOK, mbCancel]`
`mbAbortRetryCancel`	`[mbAbort, mbRetry, mbCancel]`
`mbAbortIgnore`	`[mbAbort, mbIgnore]`

Der *HelpCtx*-Parameter ist gegenwärtig nicht implementiert und sollte auf *0* gesetzt werden.

Ein Aufruf der Methode *MessageDlg* in der nachfolgenden Form, würde also den darunter aufgezeigten Dialog liefern:

```
...
rc := MessageDlg('Mein Programm',
                 'Wollen Sie die Bearbeitung fortsetzen ?',
                 mtConfirmation,
                 mbYesNoCancel,
                 0);
...
```

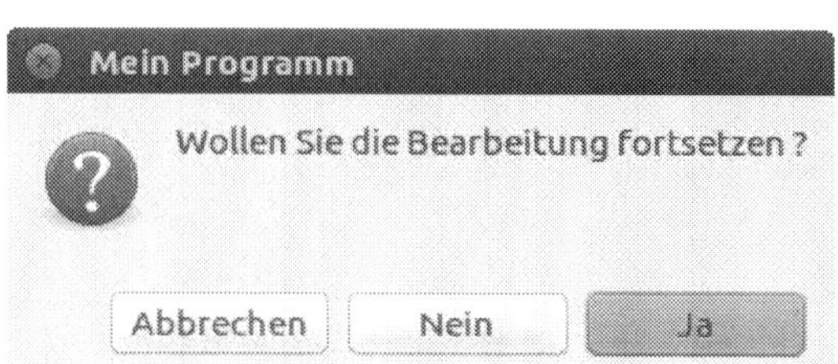

Die Methode *MessageDlg* liefert einen Rückgabewert welcher im Beispiel der Variablen *rc* zugewiesen wird.

Der Rückgabewert enthält einem Integerwert entsprechend der gedrückten Schaltfläche. Für diese Rückgabewerte stellt die *LCL* ebenfalls Konstanten bereit. Hierfür gilt:

Konstante	**Rückgabewert**
`mrYes`	6
`mrNo`	7
`mrOK`	1
`mrCancel`	2
`mrAbort`	3
`mrRetry`	4
`mrIgnore`	5
`mrAll`	8
`mrNoToAll`	9
`mrYesToAll`	10
`mrHelp`	0

Beispiel:

```
...
 rc := MessageDlg('Mein Programm',
                  'Wollen Sie die Bearbeitung fortsetzen ?',
                  mtConfirmation,
                  mbYesNoCancel,
                  0);
 if rc = mrYes then ShowMessage('Ja wurde gedrückt !');
 if rc = mrNo then ShowMessage('Nein wurde gedrückt !');
 if rc = mrCancel then ShowMessage('Abbrechen wurde gedrückt !');
 ...
```

Sehen Sie sich nun die Übung auf Seite 162 an, um die zuletzt erlernten Abschnitte zu vertiefen.

4.5.2 Input-Box

Die Methode *InputBox* zeigt eine *Message* an und erwartet eine Benutzereingabe in einem Textfeld. Ein Vorgabe-String kann optional im Textfeld angezeigt werden.

Der vom Benutzer eingegebene Wert, oder - wenn keine Eingabe erfolgte, der Vorgabe-String, wird als Rückgabewert in Form eines Strings zurückgegeben.

Beispiel:

```
...
   rc := InputBox('Mein Programm',
                  'IP-Adresse: ',
                  '127.0.0.1');
   ShowMessage(rc)
...
```

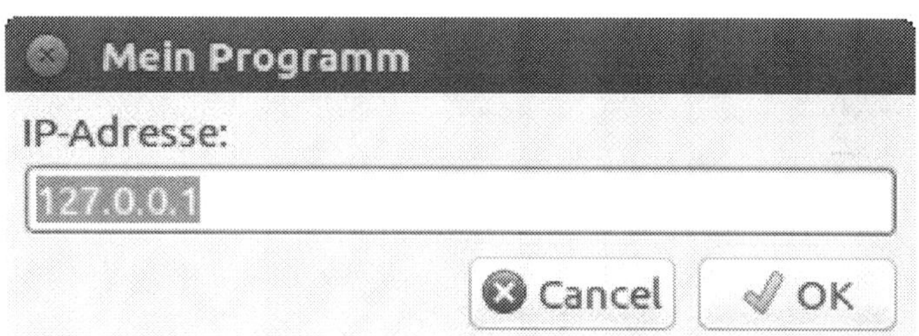

4.5.3 OpenFile-Dialog

Der *OpenFile*-Dialog ist eine nicht-sichtbare Komponente: das heißt, wenn aus der Komponentenpalette das Symbol ausgewählt und auf dem Formular platziert ist, wird es nicht zur Laufzeit angezeigt.

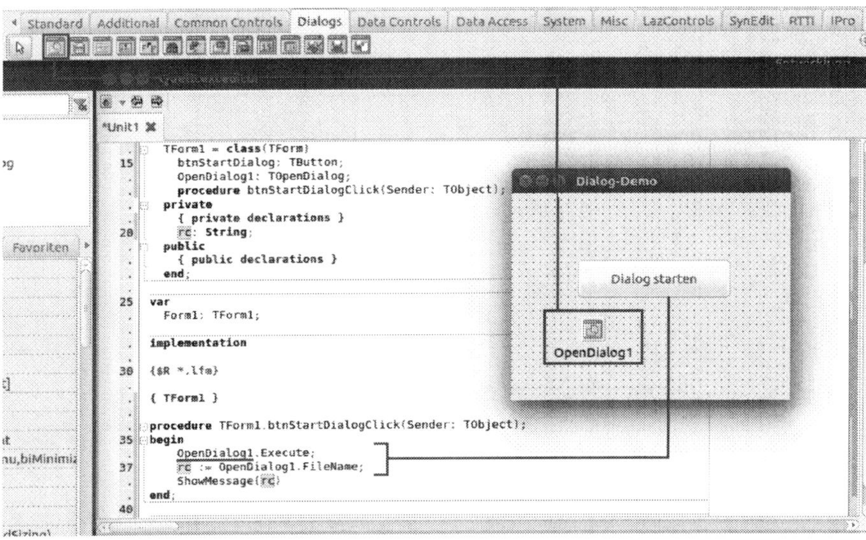

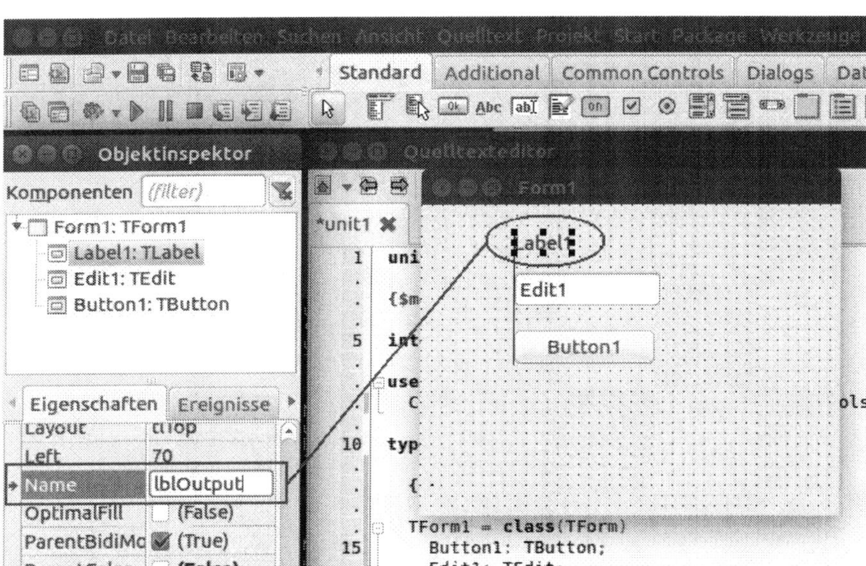

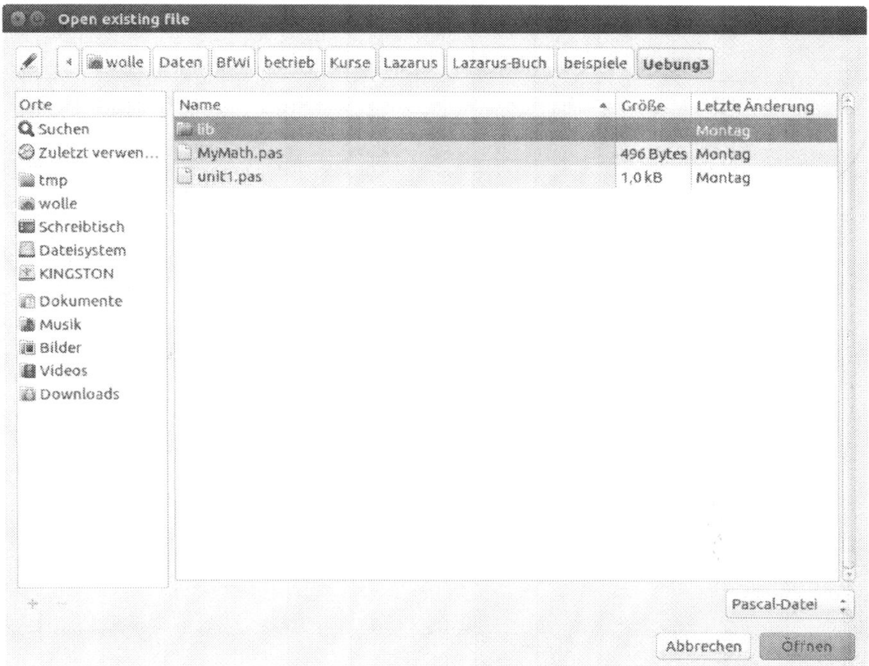

Beispiel eines FileOpen-Dialogs im Betriebssystem Linux (Ubuntu 16.04)

Der *OpenFile*-Dialog wird vom jeweiligen Betriebssystem zur Verfügung gestellt. Das Aussehen des Dialogs ist demnach vom eingesetzten Betriebssystem abhängig.

Das Einbinden des Dialogs in Ihr Programm ist jedoch unabhängig vom Betriebssystem immer gleich.

4.5.4 SaveFile-Dialog

Der *SaveFile*-Dialog ist ebenfalls eine nicht-sichtbare Komponente: das heißt, wenn aus der Komponentenpalette das Symbol ausgewählt und auf dem Formular platziert ist, wird es nicht zur Laufzeit angezeigt.

Der *SaveFile*-Dialog wird vom jeweiligen Betriebssystem zur Verfügung gestellt. Das Aussehen des Dialogs ist demnach auch vom eingesetzten Betriebssystem abhängig.

Das Einbinden des Dialogs in Ihr Programm ist jedoch unabhängig vom Betriebssystem immer gleich.

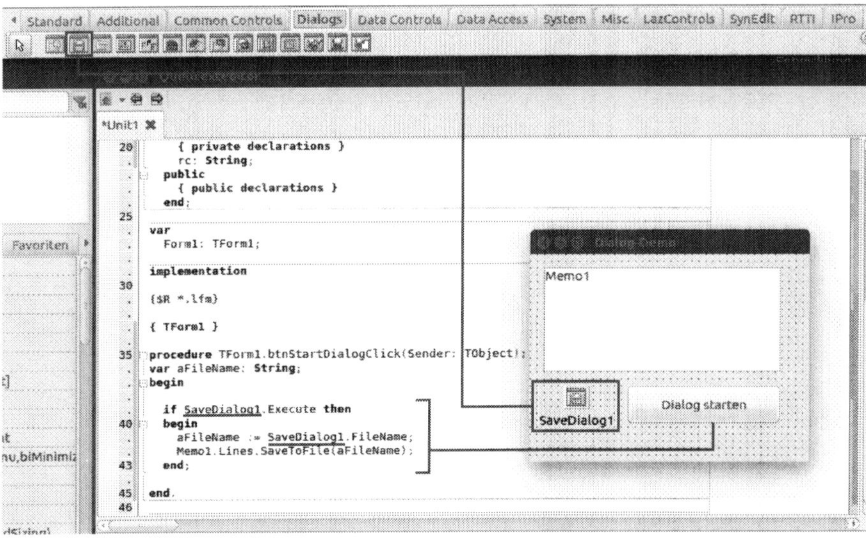

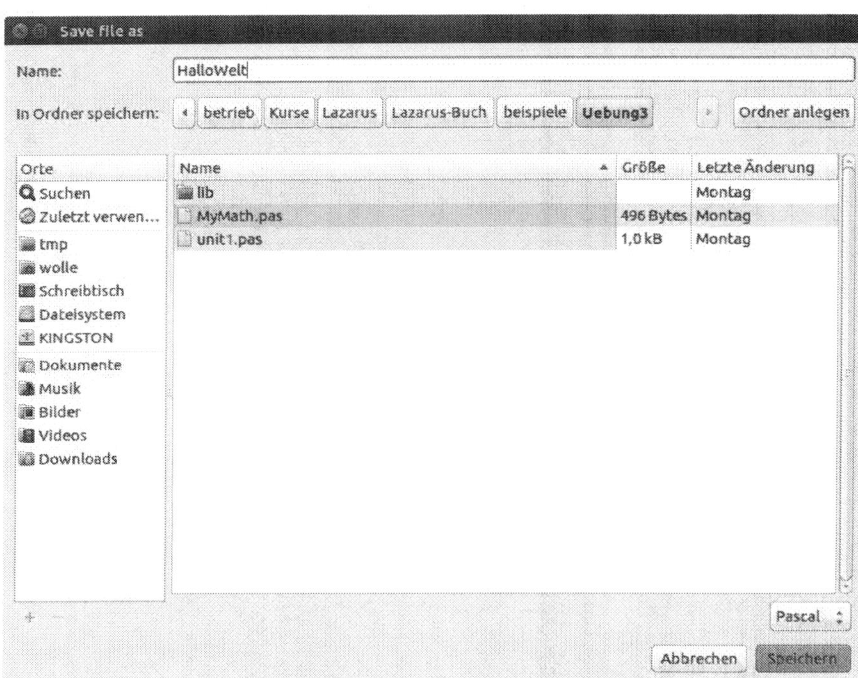

Beispiel eines FileSave-Dialogs im Betriebssystem Linux (Ubuntu 16.04)

4.5.5 SelectColor-Dialog

Der Color-Dialog wird vom jeweiligen Betriebssystem zur Verfügung gestellt. Das Aussehen des Dialogs ist demnach ebenfalls vom eingesetzten Betriebssystem abhängig. Auch hier ist das Einbinden des Dialogs in Ihr Programm vom Betriebssystem unabhängig und geschieht immer auf die gleiche Art und Weise.

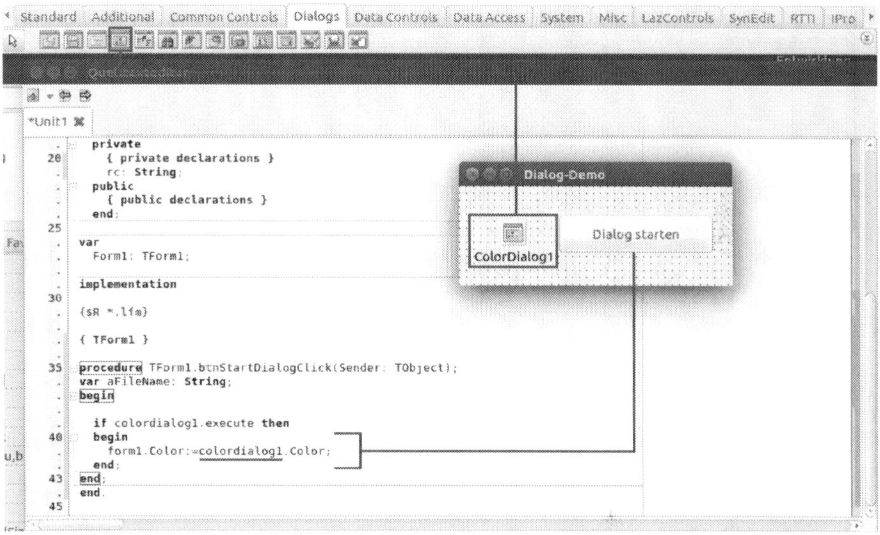

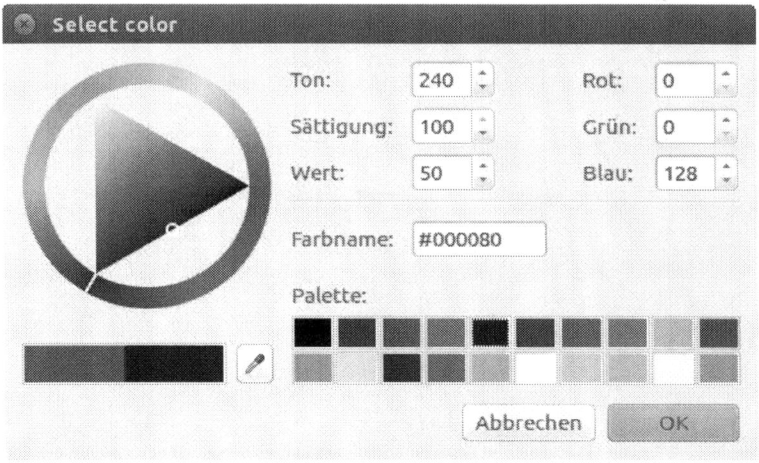

Beispiel eines Color-Dialogs im Betriebssystem Linux (Ubuntu 16.04)

4.5.6 Kalender-Dialog

Der *Kalender*-Dialog (*Calendar*) wird vom jeweiligen Betriebssystem zur Verfügung gestellt. Das Aussehen des Dialogs ist demnach auf vom eingesetzten Betriebssystem abhängig.

Das Einbinden des Dialogs in Ihr Programm ist jedoch unabhängig vom Betriebssystem immer gleich.

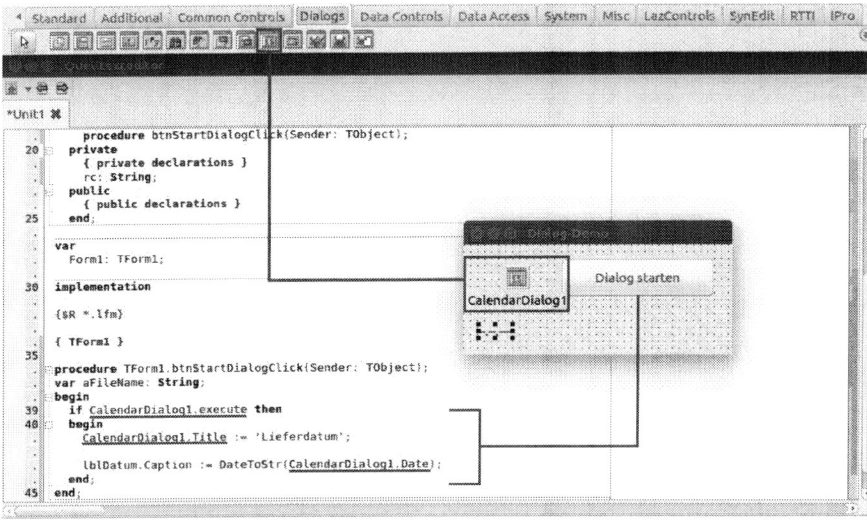

Beispiel eines Kalender-Dialogs im Betriebssystem Linux (Ubuntu 16.04)

4.6 Mehrere Fenster

Sicherlich werden Sie irgendwann zusätzlich zum Hauptfenster weitere Fenster benötigen, um den Benutzer mit Information zu versorgen, die nicht über Messageboxen oder Standarddialogen abgedeckt werden können.

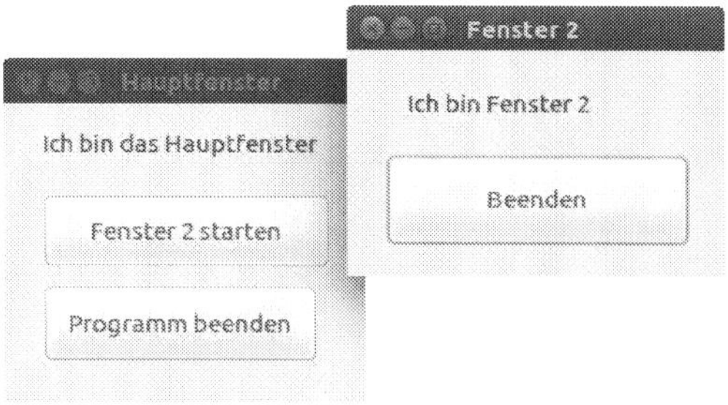

Sowohl in der *LCL* (*Lazaraus*) als auch in der *VCL* (*Delphi*) oder *CLX* (*Kylix*) wird ein Fenster als Formular (*Form*) bezeichnet.

Zunächst muss also ein weiteres Form erstellt werden (*Datei – Neues Formular*).

Als Nächstes müssen Sie das neue Fenster dem Hauptfenster bekannt machen. Hierfür wird die Methode *Create* angewandt. Nun kann das neue Formular mit der Methode *showModal* gestartet werden und mit der Methode *Close* (Fenster 2) wird es wieder beendet.

Hauptfenster:

```
...
uses
  Classes, ... Unit2;
...
procedure TfrmFenster1.btnStartFenster2Click(Sender: TObject);
var dlg : TfrmFenster2;
begin
  dlg := TfrmFenster2.Create(self);
  dlg.ShowModal;
end;
...
```

Fenster 2:

```
...
procedure TfrmFenster2.btnCloseFenster2Click(Sender: TObject);
begin
  Close;
end;
...
```

Um die gesamte Anwendung zu beenden verwenden Sie die Methode *Terminate* aus der Klasse *Application*.

```
...
procedure TfrmFenster1.btnProgramQuitClick(Sender: TObject);
begin
  Application.Terminate;
end;
...
```

Zum Öffnen der Fenster steht neben der Methode *ShowModal* auch die Methode *Show* zur Verfügung. Mit der Methode *Show* werden werden die Fenster nicht *modal* gestartet.

Nicht modal bedeutet, dass das Hauptfenster bedienbar bleibt. Es ist dann auch möglich, das *Fenster 2* mehrmals zu starten.

4.7 Menü-Leiste

Das *MainMenu* ist eine nicht-sichtbare Komponente: das heißt, wenn aus der Komponentenpalette das Symbol ausgewählt und auf dem Formular platziert ist, wird es nicht zur Laufzeit angezeigt.

Stattdessen wird eine Menüleiste mit einem von der Menü-Editor definierten Struktur angezeigt.

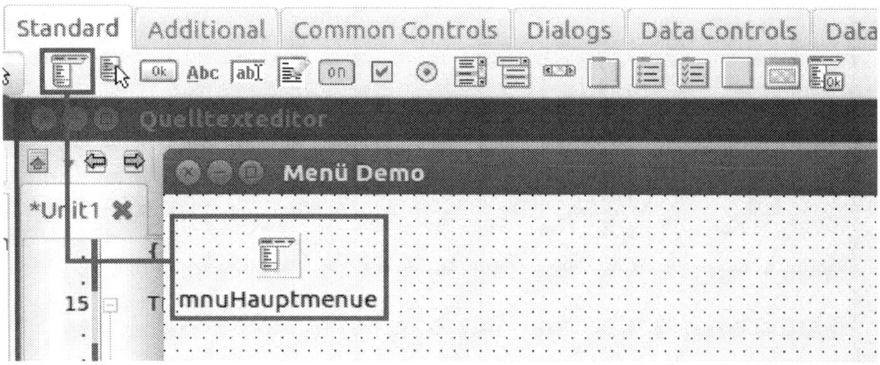

Es ist üblich, den vor den Namen von Menüs mit *mnu* oder *menu* voranzustellen. In den Untermenüs wird diese Vorgehen fortgeführt, indem vorangestellt wird, in welchem Menü sie sich befinden, z.B. das Untermenü *Ausschneiden* (engl. Cut) im Hauptmenü *Bearbeiten* (engl. Edit) wird in der Regel den Namen *mnuEditCut* oder *menuEditCut* erhalten.

Dies ist eine Gedächtnisstütze und macht es bei später notwendigen Änderungen leichter, noch zu wissen, um welches Menü es sich handelt. Bitte beachten Sie, dass dies nur ein Hinweis und nicht zwingend erforderlich ist, aber wenn Sie es auf diese Weise tun, wird es wahrscheinlich für Sie einfacher, später Änderungen zu machen, zu verstehen, was der Code macht. Dies gilt hauptsächlich dann, wenn Sie eine Weile nicht in den Code gesehen haben oder ein anderer Entwickler Ihr Programm warten muss.

Rechtsklicken Sie nun auf das *MainMenu* (hier *mnuHauptmenue*) um ein Popup-Menü zu erhalten. Klicken Sie auf den ersten Eintrag *Menü-Editor*.

Der Menü-Editor wird geöffnet und erstellt schon einen Menüpunkt, mit der Beschriftung "New Item1". Dies wird das Menü der obersten Ebene (Top-Level-Menü), ähnlich dem "*Datei Bearbeiten Ansicht Hilfe*"-Menüs, wie Sie es schon bei anderen Anwendungen gesehen haben. Wahrscheinlich wollen Sie es ändern, so klicken Sie darauf und gehen zum Objektinspektor.

Im Objektinspektor, ändern Sie die Name-Eigenschaft von *MenuItem1* zu etwas besser geeignetem. Sagen wir, dies ist das Menü *Datei*, also ändern Sie den Namen, indem Sie *mnuFile* eingeben und mit Enter bestätigen.

Wir wollen eine bessere Beschriftung als New *Item1*. Gehen Sie auf die *Caption*-Eigenschaft, und geben Sie *&Datei* ein und drücken Sie Enter. Das *&*-Zeichen vor dem Namen ist ein Beschleuniger, der mit dem Drücken der Taste [Alt] und dem unterstrichenem Symbol das Öffnen eines Menüs ermöglicht. So etwas wird als *HotKey* oder *ShortCut* bezeichnet.

Die Beschriftung für das Menü ändert sich zu *Datei*. Der ShortCut-Buchstabe wird zur Laufzeit allerdings erst unterstrichen dargestellt, wenn der Nutzer die Taste [Alt] drückt.

Jetzt wollen wir noch weitere Top-Level-Menüeinträge erstellen. Gehen Sie zurück zu dem Menü-Editor-Fenster. Klicken Sie mit der rechten Maustaste auf *Datei*. Ein Popup-Menü erscheint. Klicken Sie auf *Neuen Eintrag einfügen* (dahinter). Ein neues Menü, genannt *New Item2* erscheint. Wie in den letzten beiden Positionen erläutert, ändern Sie im Objektinspektor den Namen zu *mnuHelp* und die Bezeichnung (Caption) zu *&Hilfe*.

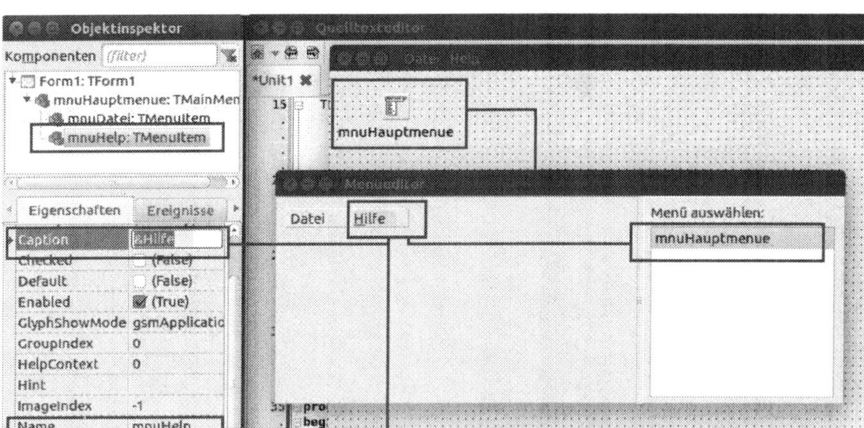

Jetzt wollen wir noch ein Untermenü (Sub-Menü) erstellen. Dazu klicken Sie mit der rechten Maustaste auf *Datei* und wählen *Erzeuge Untermenü.* Das Menü *Datei* hat jetzt ein Untermenü (an dem Pfeil zu erkennen) bezeichnet als *New Item3.*

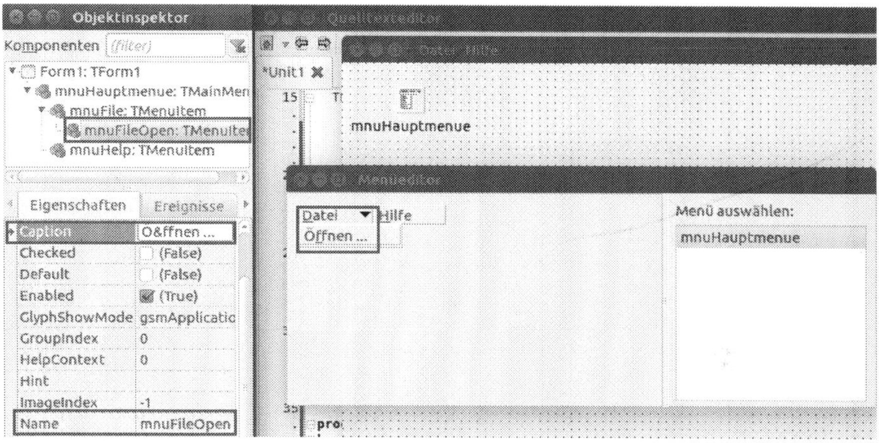

Ändern Sie die Bezeichnung zu etwas Sinnvollem, z.B. *Öffnen.* Gehen Sie in den Objektinspektor und ändern Sie diesem Menüeintrag die Eigenschaft Name zu *mnuFileOpen* und Caption zu *Ö&ffnen.*

Verfahren Sie so weiter mit jedem Menü oder Untermenü, welches Sie benötigen.

Menüpunkt mit Aktion verbinden

Gehen Sie zurück zu dem Menü-Editor und wählen Sie auf das *Öffnen* Untermenü von *Datei* mit einem Klick an.

Wählen Sie im Kontextmenü (Rechtsklick) den Eintrag *Ereignis OnClick behandeln* aus. Alternativ können Sie auch im Objektinspektor-Fenster im Reiter Ereignisse das Ereignis *OnClick* auswählen.

In beiden Fällen ist das was im *OnClick*-Ereignis passieren soll noch nicht implementiert.

Erstellen Sie nun den Code für das entsprechende Ereignis. Beispiel:

```
...
procedure TForm1.mnuFileOpenClick(Sender: TObject);
begin
  if OpenDialog1.Execute then
  begin
     ...
  end;
end;
...
procedure TForm1.mnuHelpInfoClick(Sender: TObject);
begin
  MessageDlg('About Menü-Demo',
             '(c) Peter Wolfinger BfWi',
             mtInformation,
             [mbOk],
             0);
end;
...
```

Trennlinien

Manchmal wollen Sie vielleicht ein Menü erstellen, dass Trennlinien enthält. Zum Beispiel, soll zwischen dem *Datei speichern* und dem *Beenden* eine Trennlinie (Separator) sein:

- Erstellen Sie einfach ein neues Untermenü.
- Ändern Sie die *Caption* zu einem einfachen Bindestrich.

4.8 Timer

Der *Timer* ist eine nicht-sichtbare Komponente: das heißt, wenn aus der Komponentenpalette das Symbol ausgewählt und auf dem Formular platziert ist, wird es nicht zur Laufzeit angezeigt.

Der *Timer* sorgt dafür, dass in frei definierbaren Intervallen ein bestimmter Code ausgeführt wird.

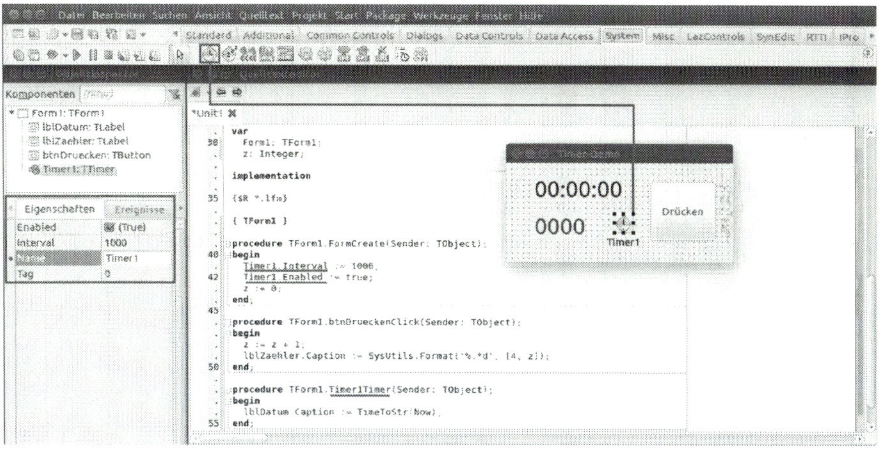

Das so erzeugte Timer-Objekt (hier *Timer1*) kann über die Objekt-Eigenschaften konfiguriert werden. Gleichzeitig stehen für diese Eigenschaften Methoden zur Verfügung, welche eine Manipulation der Timer-Objekts zur Laufzeit zulassen.

Die wichtigsten Methoden sind:

Methode	**Zweck**
`Enabled`	*true* aktiviert den Timer. Mit *false* wird der Timer deaktiviert
`Interval`	Abstand der Intervalle in ms. Eine Einstellung von 1000 bedeutet 1 Sekunde

Timer werden oft eingesetzt um mehrere Tasks scheinbar gleichzeitig abzuarbeiten. Im folgenden Beispiel wird eine laufende Uhr dargestellt. Gleichzeitig wird eine Schaltfläche überwacht und die Klicks auf diese Schaltfläche gezählt.

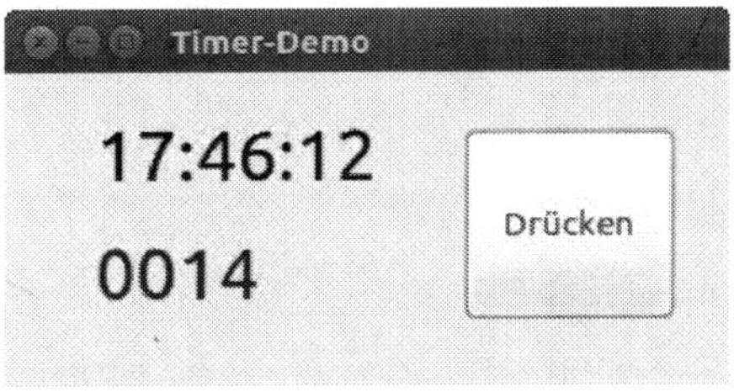


```
...
var
   Form1: TForm1;
   z: Integer;
...

procedure TForm1.btnDrueckenClick(Sender: TObject);
begin
   z := z + 1;
   lblZaehler.Caption := SysUtils.Format('%.*d', [4, z]);
end;

procedure TForm1.FormCreate(Sender: TObject);
begin
   Timer1.Interval := 1000;
   Timer1.Enabled := true;
end;

procedure TForm1.Timer1Timer(Sender: TObject);
begin
   lblZeit.Caption:= TimeToStr(now);
end;
...
```

4.9 Grafik-Programmierung

In den 80er Jahren des letzten Jahrhunderts wurden in der EDV fast immer nur Zahlen und Buchstaben auf Papier ausgegeben. Kreative Leute machten selbst daraus kleine Kunstwerke. Heute sind fast alle Computer aus dem Anwenderbereich graphikfähig und auch *Lazarus* kann recht gut mit Graphik umgehen.

4.9.1 Die TImage-Komponente (Leinwand/Canvas)

Eine *Lazarus*-Komponente speziell zur Manipulation von Graphiken ist die Komponente (Klasse) *TImage*.

Um sich das Arbeiten mit dieser Komponente besser vorstellen zu können, stellen Sie sich einen echten Künstler und sein Werkzeug vor: Eine Leinwand (engl.: *Canvas*), einen dazu passenden Bleistift (engl.: *Pen*) zum Zeichnen von Formen und einen Pinsel (engl.: *Brush*) zum Ausmalen der Flächen.

Etwas seltsam ist dabei, dass in *Lazarus* Bleistift und Pinsel Eigenschaften der Leinwand sind; wir stellen uns vor, sie wären daran angebunden, damit sie nicht im hektischen Kunstbetrieb verloren gehen.

Bei den folgenden Beispielen gehen Sie bitte davon aus, dass es auf dem Bildschirm eine Komponente *image1* gibt, deren Eigenschaft *Canvas* wir ansprechen.

Farben, Stile und Strichstärken

Sowohl der Stift als auch der Pinsel haben eine Farbe (*Color*) als auch einen Stil (*Style*). Der Stift hat außerdem eine Stärke (*Width*).

Befehl	**Wirkung**
`image1.canvas.Pen.Color:=Farbe;`	Setzt die Stiftfarbe
`image1.canvas.Brush.Color:=Farbe;`	Setzt die Pinselfarbe
`image1.canvas.Pen.Style:=Stil;`	Setzt den Stift-Stil
`image1.canvas.Brush.Style:=Stil;`	Setzt den Pinsel-Stil
`image1.canvas.Pen.Width:=Breite;`	Setzt die Breite der Linien

Es gibt eine Reihe vorgefertigter Farben und Stile. Die wichtigsten Farben lauten:

Farbname	**Farbe**
`clBlack`	Schwarz
`clWhite`	Weiß
`clRed`	Rot
`clGreen`	Grün
`clBlue`	Blau
`clYellow`	Gelb
`clAqua`	Cyan
`clFuchsia`	Magenta

Das sind natürlich nur sehr wenige, ausgewählte Farben. In *Lazarus* ist es aber auch möglich, alle nur überhaupt auf dem Bildschirm denkbaren Farben darzustellen.

Hierzu muss man sich darüber klar sein, dass alle Bildschirmfarben mit drei Zahlenwerten beschrieben werden können. Diese Werte stehen für die Farben Rot, Grün und Blau und liegen im Bereich zwischen 0 und 255.

Der Befehl

```
image1.canvas.Pen.Color:=RGBToColor(r,g,b);
```

setzt die Stiftfarbe auf die durch die Zahlen *r*, *g* und *b* beschriebene Farbe.

Die Farbe durchsichtig gibt es in Lazarus nicht. Die Sichtbarkeit- bzw. Nicht-Sichtbarkeit von Linien und Füllungen wird über den *Style* geregelt:

Stil-Befehl	**Bedeutung**
`psSolid`	Durchgezogene Linie
`psClear`	Unsichtbare Linie
`bsSolid`	Durchgefärbte Füllung
`bsClear`	Unsichtbare Füllung

Löschen

Befehl	**Wirkung**
`image1.canvas.clear;`	Färbt die Leinwand einheitlich in der Farbe des Pinsels (*Brush*). Es kann sein, dass in Ausnahmefällen die Färbung stattdessen schwarz wird.

	Möglicherweise handelt es sich dabei um einen Programmierfehler in *Lazarus*. Abhilfe lässt sich dadurch schaffen, den *clear*-Befehl zweimal hintereinander auszuführen).

Punkte und Linien

Befehl	Wirkung
`image1.canvas.pixels[x,y]:=Farbe;`	Setzt das Pixel mit den Koordinaten *x* und *y* auf die entsprechende Farbe.
`image1.canvas.line(x1,y1,x2,y2);`	Zeichnet eine Linie vom Punkt (*x1*, *y1*) zum Punkt (*x2*, *y2*). Die Farbe ist die *PenColor* des *Canvas*.

Formen

Befehl	Wirkung
`Image1.Canvas.Rectangle(x1,y1,x2,y2);`	Zeichnet ein Rechteck mit den Eckpunkten (*x1*, *y1*) und (*x2*, *y2*)
`Image1.Canvas.Ellipse(x1,y1,x2,y2);`	Zeichnet eine Ellipse umgrenzt von dem (unsichtbaren) Rechteck mit den Eckpunkten (*x1*, *y1*) und (*x2*, *y2*)

Schreiben auf der Leinwand

Befehl	**Wirkung**
`Image1.Canvas.TextOut(x,y,Text);`	Schreibt den Text an die Koordinaten (x, y). *Brush.Color* bildet dabei die Hintergrundfarbe.

4.9.2 Beispiel

Das folgende Beispiel ist ein (sehr bescheidener) Versuch, mit dem Computer ein Bild zu malen.

Es benötigt eine Image-Komponente mit dem Namen *image1* mit einer Höhe von 400 Pixeln oder mehr und einer Breite von 600 Pixeln oder mehr und eine Schaltfläche (*btnStart*).

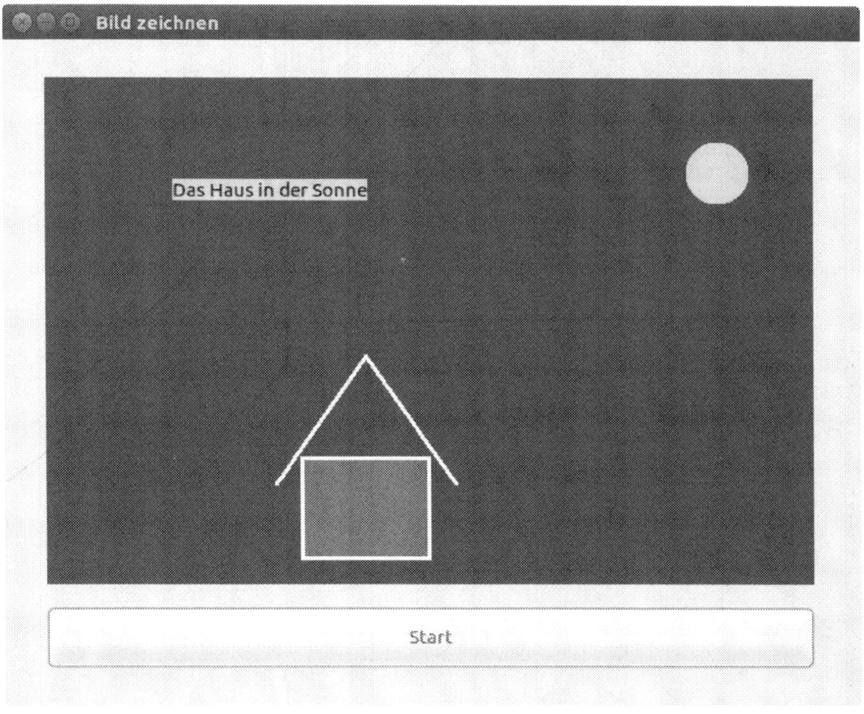

```
procedure TForm1.btnStartClick(Sender: TObject);
begin

  // Hintergrund
  Image1.Canvas.Brush.Color := clGreen;
  Image1.Canvas.Brush.Style := bsSolid;
  Image1.Canvas.Clear;
  Image1.Canvas.Clear; // 2x, wenn's beim 1. Mal nicht klappt

  // Zwei einsame Schneeflocken
  Image1.Canvas.Pixels[100,300] := clWhite;
  Image1.Canvas.Pixels[240,200] := clWhite;

  // Haus
  Image1.Canvas.Pen.Color := clWhite;
  Image1.Canvas.Pen.Width := 3;
  Image1.Canvas.Brush.Color := clGray;

  Image1.Canvas.Rectangle(200, 300, 300, 380);
  Image1.Canvas.Line(180, 320, 250, 220);
  Image1.Canvas.Line(320, 320, 250, 220);

  // Sonne
  Image1.Canvas.Pen.Style := psClear;
  Image1.Canvas.Brush.Color := clYellow;
  Image1.Canvas.Ellipse(500, 50, 550, 100);

  // Schrift
  Image1.Canvas.TextOut(100, 80,'Das Haus in der Sonne');
end;
```

4.9.3 Bitmaps anzeigen

Um ein Bitmap (*JPG*, *PNG* oder *GIF*) in einem Fenster anzeigen zu können steht Ihnen ebenfalls das Image-Steuerelement (z. B. als *imgStadt*) zur Verfügung.

Die Bitmap-Datei kann entweder über die *Picture*-Eigenschaft geladen werden, oder zur Programmlaufzeit mit Hilfe der Methode *Picture.LoadFromFile*.

Beispiel: `imgStadt.Picture.LoadFromFile('oettingen.jpg');`

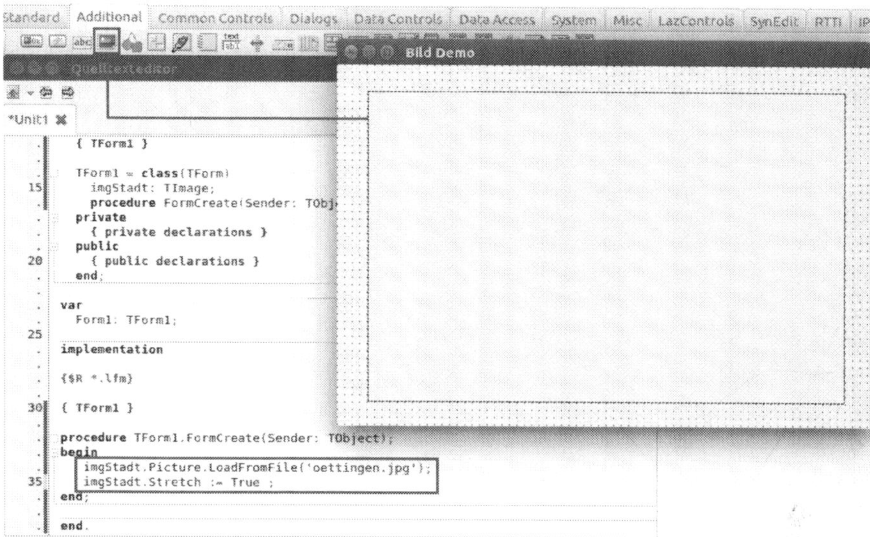

Wird die Methode *Stretch* mit dem Wert *True* versorgt, wird das Bitmap in den festgelegten Bereich eingepasst.

Beispiel: `imgStadt.Stretch := True;`

5 Netzwerk-Programmierung

Um mit *Lazarus* Netzwerk-Programme zu entwickeln, muss ein zusätzliches Package (*lNet*) installiert werden.

Für *Lazarus* Version < 1.6 muss das *lNet*-Paket (*Lightweight Networking Library*) in der freigegebenen Version 0.6.5 installiert werden. Für *Lazarus* 1.6 und höher benötigen Sie *lNet* 0.6.6.

Nach der Installation befinden sich zusätzliche Steuerelemente zur Auswahl in der Komponentenpalette der *Lazarus* IDE (Register *lNet*).

Die Installation von *lNet* entnehmen Sie der entsprechenden *lNet*-Beschreibung. Weitere Informationen über *lNet* sowie eine Download-Möglichkeit finden Sie im Netz unter: *http://wiki.lazarus.freepascal.org/lNet* (Stand: Mai 2018).

Zunächst wird Ihnen an einem einfachen Beispiel gezeigt, wie mit der TCP-Komponente aus dem *lNet*-Paket eine Verbindung aufgebaut wird, bei der Strings übertragen werden.

Sowohl der Server als auch der Client benutzen die Komponente *TLTCPComponent*. Zur besseren Unterscheidung werden die TCP-Komponenten, nachdem sie auf das Formular für den Server bzw. den Client gezogen mit dem Namen *Server* bzw. *Client* versehen.

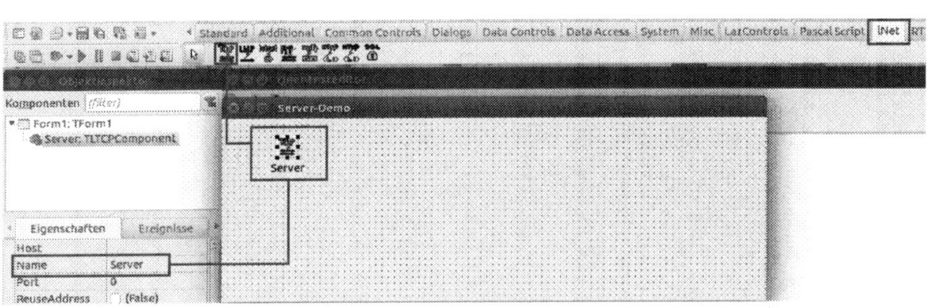

Die TCP-Komponente ist eine nicht-sichtbare Komponente: das heißt, wenn aus der Komponentenpalette das Symbol ausgewählt und auf dem Formular platziert ist, wird es nicht zur Laufzeit angezeigt.

5.1 TCP-Server

Um den TCP-Server für das oben genannte Beispiel zu entwickeln, erstellen Sie zunächst eine Oberfläche, welche die hier dargestellten Steuerelemente enthält.

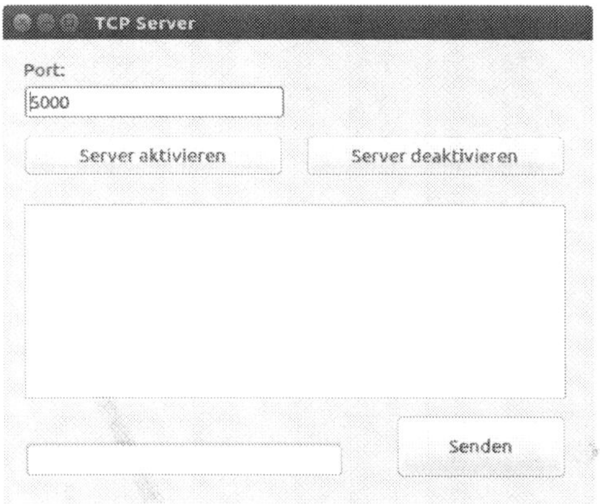


```
...
  btnServerAktivieren:   Tbutton;
  btnServerDeaktivieren: Tbutton;
  btnSenden:             Tbutton;
  txtEingabe:            Tedit;
  memoAusgabe:           Tmemo;
  txtPort:               Tedit;
  lblPort:               Tlabel;
  Server:                TLTCPComponent;
...
```

Bei einem TCP-Server wird der Port, auf dem der Server hört, eingegeben. Beim Klick auf die Schaltfläche *Server aktivieren* beginnt die Server-Komponente, am angegebenen Port auf eingehende Nachrichten zu lauschen.

Die Schaltfläche *Server deaktivieren* schaltet die Komponente wieder aus. Statusmeldungen und empfangene Strings werden im Memo-Feld angezeigt.

Die Datenübertragung erfolgt über das TCP-Protokol, das im Gegensatz zu UDP-Protokoll verbindungsorientiert ist. Das bedeutet, dass innerhalb des Protokolls eine automatische Kontrolle über den Übertragungserfolg stattfindet.

Der Server wird über den Befehl *Listen* aktiv geschaltet. Er lauscht nun am angegebenen Port. Die gewünschte Port-Adresse wird aus dem Steuerelement *txtPort* ausgelesen und übergeben.

```
...
procedure TForm1.btnServerAktivierenClick(Sender: TObject);
var
   ServerIP: String;
   Port: integer;
   Verbindungsaufbau: boolean;
begin
   Port := StrToInt(txtPort.Text);
   Verbindungsaufbau := Server.Listen(Port);
end;
...
```

Das Zustandsdiagramm macht die Arbeitsweise des TCP-Servers deutlich:

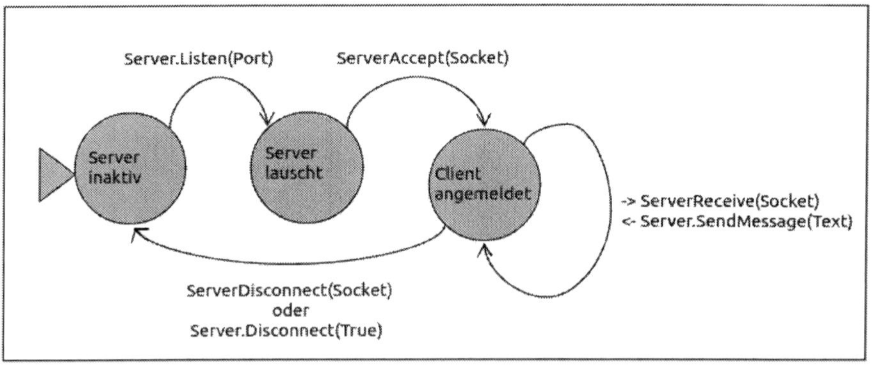

Wie Sie der Darstellung entnehmen können, wird beim Aufbau einer Verbindung, d. h. wenn sich ein Client anmeldet, in der TCP-Komponente das Ereignis *ServerAccept* ausgelöst:

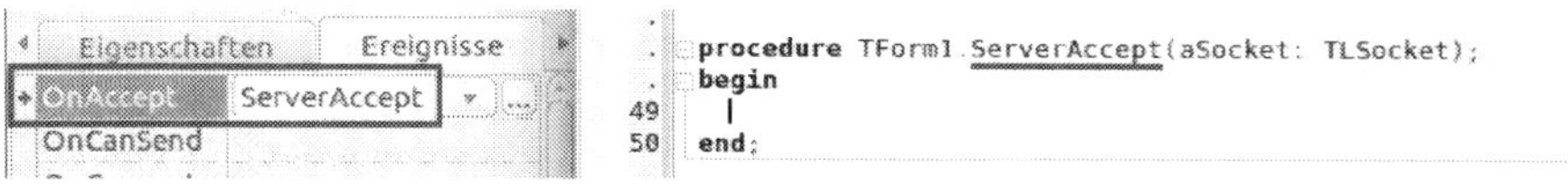

In der Eingangsmeldung kann über das Attribut *LocalAddress* die IP-Adresse des anfragenden Clients ausgelesen werden. Diesen Wert können Sie beispielsweise in Ihrer Memo-Komponente *memoAusgabe* anzeigen.

```
...
procedure TForm1.ServerAccept(aSocket: TLSocket);
begin
  memoAusgabe.append ('Verbindung zum Client mit der IP'
                      + aSocket.LocalAddress
                      + ' wurde hergestellt');
end;
...
```

Um eine Sendung zu empfangen wird das Ereignis *ServerReceive* genutzt, das bei eingehenden Nachrichten ausgelöst wird.

Die hereinkommende Nachricht liegt an der Socketverbindung *aSocket* an und kann dort über die Methode *GetMessage* abgegriffen werden.

```
...
procedure TForm1.ServerReceive(aSocket: TLSocket);
var
  inputBuffer: String;
begin
  aSocket.GetMessage(inputBuffer);
  memoAusgabe.append ('Eingehende Nachricht: ' + inputBuffer);
end;
...
```

Da lediglich Zeichenketten versendet werden sollen, können Sie die Methode *SendMessage* der Komponente nutzen:

```
...
procedure TForm1.btnSendenClick(Sender: TObject);
var
  outputBuffer: String;
begin
  outputBuffer := txtEingabe.text;
  if ( outputBuffer <> ' ') then
     Server.SendMessage(outputBuffer);
end;
...
```

Schließlich sollten Sie noch die Methoden zur Fehlermeldung, zum Trennen der Verbindung und die Mitteilung über das Abmelden des Clients implementieren:

```
...
procedure TForm1.ServerDisconnect(aSocket: TLSocket);
begin
   memoAusgabe.append ('Verbindung zum Client wurde getrennt');
end;

procedure TForm1.ServerError(const msg: string;
                             aSocket: TLSocket);
begin
   memoAusgabe.append('Fehlermeldung: ' + msg);
end;

procedure TForm1.btnServerDeaktivierenClick(Sender: TObject);
begin
   Server.Disconnect(true);
   memoAusgabe.append ('Server wurde deaktiviert');
end;
...
```

5.2 TCP-Client

Der Client ist ähnlich wie der Server aufgebaut. Die Komponente *TLTCPComponent* wird hier allerdings zur besseren Identifikation mit *Client* benannt. Erstellen Sie auch für den Client zunächst eine Oberfläche, welche die hier dargestellten Steuerelemente enthält.

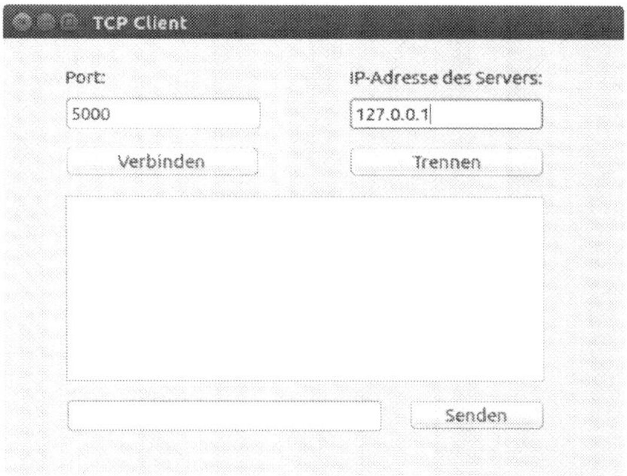

In diesem Fall muss dem Client nicht nur der Port bekannt sein, auf dem der Server lauscht, sondern auch die IP-Adresse des Servers.

Während der Entwicklung können Sie die Kommunikation über den *localhost* (127.0.0.1) testen. Später sollten Sie dann die Kommunikation auf mehreren Rechnern im Netzwerk testen.

```
...
procedure TForm1.btnVerbindenClick(Sender: TObject);
var
   Port: Integer;
   ServerIP: String;
   Verbindungsaufbau: boolean;
begin
   Port := StrToInt(txtPort.Text);
   ServerIP := txtIPAdresse.Text;
   Verbindungsaufbau := Client.Connect(ServerIP, Port);
   if Verbindungsaufbau then
      memoAusgabe.Append('Die Verbindung wird aufgebaut ...');
end;
...
```

Zunächst stellt der Client eine Verbindung zum aktiven Server her.

Alle weiteren Prozeduren können quasi eins zu eins vom Server übernommen werden.

Text senden:

```
...
procedure TForm1.btnSendenClick(Sender: TObject);
var
   outputBuffer: String;
begin
   outputBuffer := txtEingabe.text;
   if (outputBuffer <> '') then
      client.SendMessage(outputBuffer);
end;
...
```

Beim Akzeptieren der Verbindung seitens des Servers wird die Meldung nicht über *ServerAccept* sondern über das Ereignis *ClientConnect* mitgeteilt.

```
...
procedure TForm1.ClientConnect(aSocket: TLSocket);
begin
   memoAusgabe.append ('Verbindung zum Server mit der IP '
                      + aSocket.LocalAddress
                      + ' wurde hergestellt');
end;
...
```

Empfang einer Nachricht:

```
...
procedure TForm1.ClientReceive(aSocket: TLSocket);
var
   InputBuffer: String;
begin
   aSocket.GetMessage(InputBuffer);
   memoAusgabe.append ('Eingehende Nachricht: ' + InputBuffer);
end;
...
```

Aktives Trennen, Trennungs- und Fehlermeldung:

```
...
procedure TForm1.btnTrennenClick(Sender: TObject);
begin
  client.Disconnect(true);
end;

procedure TForm1.ClientDisconnect(aSocket: TLSocket);
begin
  memoAusgabe.append ('Verbindung zum Server wurde getrennt');
end;

procedure TForm1.ClientError(const msg: string;
                             aSocket: TLSocket);
begin
  memoAusgabe.Append('Fehlermeldung: ' + msg);
end;
...
```

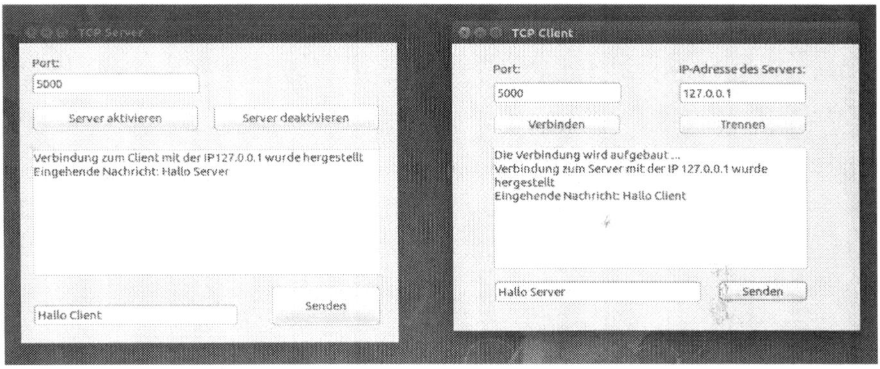

5.3 Server-Ausbau

Bislang konnte nur ein Client mit Ihrem Server kommunizieren. Für z.B. einen einfachen Chat in einem lokalen Netz (LAN) ist es notwendig, dass der Server Nachrichten an alle Clients schickt.

Im folgenden Beispiel soll die Nachricht im Textfeld an alle angeschlossenen Clients gesendet werden. Die dafür erforderlichen Erweiterungen sind relativ einfach. Den Client können Sie schon einmal so belassen, wie er ist.

Nur den TCP-Server müssen Sie erweitern. Das Ereignis *btnSendenClick* (Senden-Button) wird um einen sogenannten Iterator erweitert.

```
...
procedure TForm1.btnSendenClick(Sender: TObject);
var
  outputBuffer: String;
begin
  outputBuffer := txtEingabe.text;
  if ( outputBuffer <> ' ') then
  begin
     Server.IterReset;
     while (Server.IterNext = true) do
        Server.SendMessage(outputBuffer,server.Iterator);
end;
...
```

Die Socket-Verbindungen werden von der TCP-Komponente in einer Liste verwaltet. Die erste geöffnete Socket-Verbindung ist dabei die Server-Verbindung. Auf diese zeigt der Iterator nach dem Aufruf der Methode *IterReset*.

Die Methode *IterNext* liefert die nächste offene Socket-Verbindung. Solange diese existiert, wird die Nachricht gesendet. Der zweite Übergabeparameter in der *sendMessage*-Methode beinhaltet die jeweils geöffnete Socket-Verbindung.

Zudem macht es nun auch Sinn, bei der Akzeptanz eines Clients dessen IP-Adresse anzeigen zu lassen. Eine kleine Ergänzung in der *Receive*-Methode des Servers liefert Ihnen diese Information:

```
...
procedure TForm1.ServerReceive(aSocket: TLSocket);
var
  inputBuffer: String;
begin
  aSocket.GetMessage(inputBuffer);
  memoAusgabe.append ('Eingehende Nachricht von IP '
                      + aSocket.PeerAddress
                      + ': '
                      + inputBuffer);
end;
...
```

Nun soll Ihr Server noch weiter erweitert werden. Die Nachrichten vom Server werden nur an einen bestimmten Client gesendet. Der Empfänger kann aus dem Memofeld *memoAusgabe* ausgewählt werden.

Zunächst soll eine Liste der angemeldeten Clients angezeigt werden.

Zum Test am lokalen Rechner – also mehrere Clients und ein Server auf demselben PC – kann die IP-Adresse des Ziel-Servers bei jedem einzelnen Client mehr oder weniger beliebig variiert werden.

Nun kann der Server beim Anmelden eines Clients dessen IP auslesen und anzeigen. Dazu wird die *ServerAccept*-Methode verwendet.

Zudem kann die Liste der Clients kompakt angezeigt werden.

Hierfür spendieren wir dem Server eine zusätzliche Schaltfläche (*btnShowConnectedClients*) welche die verbundenen Clients anzeigt.

```
...
procedure TForm1.btnShowConnectedClientsClick(Sender: TObject);
// var n: integer;    ---> alternativ
begin
  memoAusgabe.Clear;
  Server.IterReset;
  // n := 0;     ---> alternativ
  while Server.IterNext do
  begin
    memoAusgabe.Append(Server.Iterator.PeerAddress);
    //n := n + 1;    --> alternativ
    //memoAusgabe.Append(Server.Socks[n].PeerAddress); -> altern.
  end;
end;
...
```

Der auskommentierte Code dieser Methode stellt eine Alternative dar.

In diesem Fall wird die Socket-Liste mithilfe eines Index angesprochen. Der Index wird manuell bei jedem Schleifenlauf erhöht.

In beiden Fällen liefert die Methode ein Resultat. Dieses Resultat (die „nackte" IP-Liste) hat den Vorteil, dass per Mausklick die IP-Adresse übernommen und eine Testsendung an den Client geschickt werden kann.

Das Ereignis *DblClick* des Memofelds (*memoAusgabe*) liest zunächst die angeklickte IP-Adresse als String aus und schickt dann eine Testnachricht an die angeklickt IP-Adresse.

Die zu versendende Textnachricht können Sie natürlich auch nach Belieben auch aus einem Textfeld entnehmen.

Dazu durchläuft der *Iterator* wieder die Socket-Liste und schickt die Nachricht an die entsprechende IP-Adresse.

```
...
procedure TForm1.memoAusgabeDblClick(Sender: TObject);
var
  ClientIP: String;
begin
  ClientIP := memoAusgabe.SelText;
  Server.IterReset;
  while server.IterNext do
    if (ClientIP = Server.Iterator.PeerAddress) then
         Server.SendMessage('Testnachricht', Server.Iterator);
end;
...
```

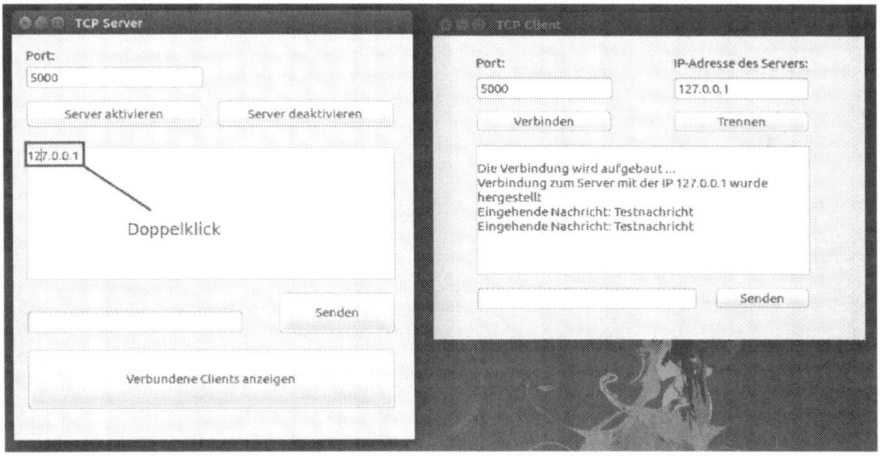

6 Datenbank-Zugriff (MySQL)

Dieser Abschnitt des Buches soll Ihnen vermitteln, wie Sie sich mit einer *Lazarus*-Anwendung an einer Datenbank anmelden und einfache Abfragen ausführen können. Am Beispiel eines MySQL-Datenbankzugriffs kommen lediglich *Lazarus* Grundkomponenten zum Einsatz. Es werden keine datensensitiven Komponenten benutzt trotzdem illustriert das Beispiel die Prinzipien der Kopplung mit der Datenbank.

Achtung: Bei Windows-Systemen benötigen Sie zur Laufzeit die Datei *libmysql.dll* in der richtigen Version. Welche Version benötigt wird erfahren Sie aus den Sourcen (üblicherweise aus der *mysql_version.pp*).

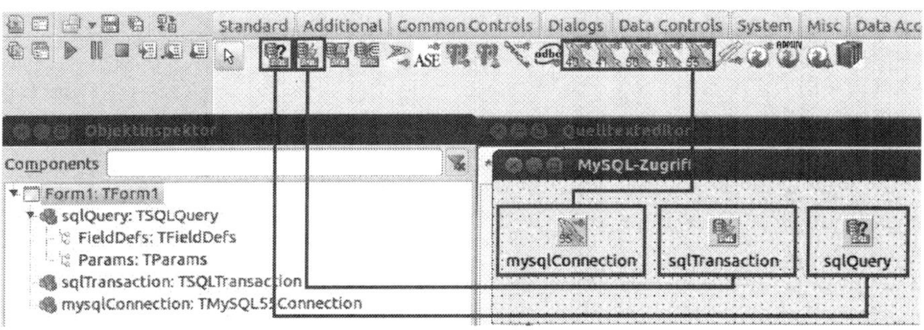

TMySQLxxConnection

mySQLConnection wird verwendet, um Parameter für die Verbindung zum Datenbank Server aufzubewahren. Sie erlaubt Ihnen den Server, den Nutzer und das Kennwort zu setzen. Eine andere Eigenschaft von *mySQLConnection* benennt die Datenbank, die Sie verwenden wollen. Da das *LoginPrompt* noch funktionslos ist, sollten sie vor Verbindungsaufbau sicherstellen, dass *HostName*, *DatabaseName* sowie *UserName* und *Password* mit Werten belegt sind. Zudem benötigen sie noch eine Komponente vom Typ *sqlTransaction*, die in der Transaction-Eigenschaft von *mySQLConnection* eintragen werden muss, da sie sonst keine Anfragen stellen können.

Hinweis: In der aktuellen Version von Lazarus (1.8.2) finden sie 7 *MySQLConnection* Komponenten.

Dies sind *TMySQL40Connection*, *TMySQL41Connection* bis *TMySQL57Connection*. Wählen Sie diese gem. der Serverversion aus, mit welcher Sie sich verbinden wollen. Wenn z.B. bei ihnen *MySQL 5.5* läuft, dann verwenden sie *TMySQL55Connection*.

TSQLTransaction

Eine *SQLTransaction* wird für die interne Organisation benötigt. Eine *SQLTransaction* wird automatisch aktiviert, wenn sie ein Dataset öffnen, welches diese benutzt. Wenn sie aber die *MySQLxxConnection* schließen wollen, müssen sie zuerst sicherstellen, dass die *SQLTransaction* nicht aktiv ist. Da seit Lazarus-Version 1.2.2 kein *AutoCommit* mehr stattfindet, muss nach Zugriffen auf die Datenbank ein *Transaction.Commit* durchgeführt werden, um Änderungen in der Datenbank zu speichern bzw. abgefragte Daten zu aktualisieren. Beispiel:

```
...
procedure TForm1.FormCreate(Sender: TObject);
begin
  mysqlConnection.HostName := '192.168.178.21';
  mysqlConnection.port := 3306;
  mysqlConnection.UserName := 'root';
  mysqlConnection.Password := 'xxxxxxxx';
  mysqlConnection.DatabaseName := 'bfwi';
  mysqlConnection.CharSet := 'utf8';
  mysqlConnection.Transaction := sqlTransaction;

  sqlTransaction.DataBase := mysqlConnection;
  sqlQuery.DataBase := mysqlConnection;
  sqlQuery.Transaction := sqlTransaction;
end;
...
```

TSQLQuery

TSQLQuery wird verwendet, um *SQL*-Anweisungen auf dem Server auszuführen. Sie können Daten abrufen, indem sie die *SQL*-Eigenschaft auf einige *SELECT*-Anweisungen setzen und die *Open*-Methode aufrufen. Oder sie können Daten manipulieren, indem sie einige *INSERT*, *DELETE* oder *UPDATE* Anweisungen erstellen. Im letzteren Fall sollten sie nicht die *Open*-Methode benutzen, sondern die *ExecSQL*-Methode.

6.1 Daten anzeigen

Im unten dargestellten Beispiel sehen Sie eine *Listbox* (*lstKunden*), welche drei Spalten (*Vorname*, *Name* und *Ort*) einer Datenbank-Tabelle (*kunden*) zur Anzeige bringt.

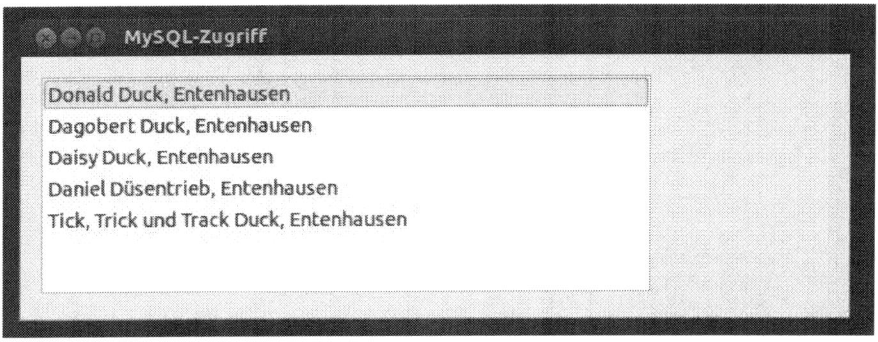


```
...
  sqlQuery.SQL.Text:='SELECT vname, nname, ort FROM kunden';
  sqlTransaction.StartTransaction;
  sqlQuery.Open;
  while not sqlQuery.EOF do
  begin
    lstKunden.Items.Add(sqlQuery.Fields[0].AsString + ' ' +
                        sqlQuery.Fields[1].AsString + ', ' +
                        sqlQuery.Fields[2].AsString);
    sqlQuery.Next;
  end;
  sqlQuery.Close;
  sqlTransaction.Commit;
end;
...
```

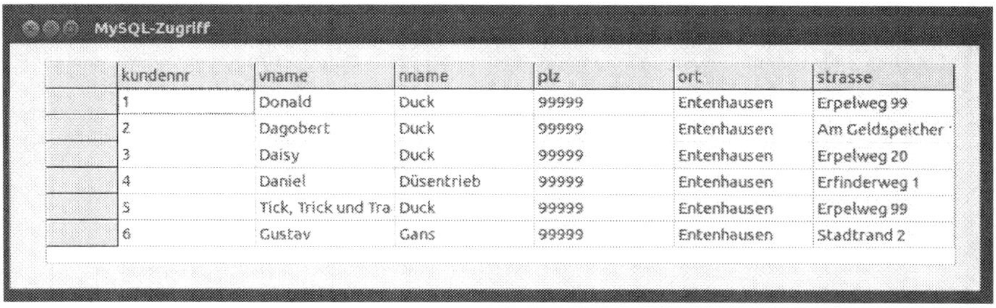

MySQL-Zugriff

	kundennr	vname	nname	plz	ort	strasse
	1	Donald	Duck	99999	Entenhausen	Erpelweg 99
	2	Dagobert	Duck	99999	Entenhausen	Am Geldspeicher
	3	Daisy	Duck	99999	Entenhausen	Erpelweg 20
	4	Daniel	Düsentrieb	99999	Entenhausen	Erfinderweg 1
	5	Tick, Trick und Tra	Duck	99999	Entenhausen	Erpelweg 99
	6	Gustav	Gans	99999	Entenhausen	Stadtrand 2

Möchten Sie die Datenbank-Tabelle in einem *Grid* darstellen, müssen Sie ermitteln, wie viele Zeilen und Spalten die Tabelle im *Grid* benötigt. Hierfür stehen die Methoden *FieldCount* und *RecordCount* zur Verfügung.

Hinweis: Die Anzahl von Datensätzen, die *RecordCount* liefert, wird mit der Methode *PacketRecords* festgelegt. Der Vorgabewert ist 10. Wenn sie den Wert auf -1 setzen, dann werden alle Datensätze auf einmal geladen.

Zudem wäre es schön, wenn die Spaltennamen der Datenbank-Tabelle im *Grid* zu sehen wären. Verwenden Sie hierfür die Eigenschaft *FieldName* im Array des Reaultsets *sqlQuery.Fields.*

```
...
  sqlQuery.SQL.Text:='SELECT * FROM kunden';
  sqlTransaction.StartTransaction;
  sqlQuery.Open;

  grid1.ColCount := sqlQuery.FieldCount + 1;
  grid1.RowCount := sqlQuery.RecordCount + 1;

  grid1.cells[1,0] := sqlQuery.Fields[0].FieldName;
  grid1.cells[2,0] := sqlQuery.Fields[1].FieldName;
  grid1.cells[3,0] := sqlQuery.Fields[2].FieldName;
  grid1.cells[4,0] := sqlQuery.Fields[3].FieldName;
  grid1.cells[5,0] := sqlQuery.Fields[4].FieldName;
  grid1.cells[6,0] := sqlQuery.Fields[5].FieldName;

  zeile := 1;
```

```
while not sqlQuery.EOF do
begin
    grid1.cells[1,zeile] := sqlQuery.Fields[0].AsString;
    grid1.cells[2,zeile] := sqlQuery.Fields[1].AsString;
    grid1.cells[3,zeile] := sqlQuery.Fields[2].AsString;
    grid1.cells[4,zeile] := sqlQuery.Fields[3].AsString;
    grid1.cells[5,zeile] := sqlQuery.Fields[4].AsString;
    grid1.cells[6,zeile] := sqlQuery.Fields[5].AsString;
    zeile := zeile + 1;
    sqlQuery.Next;
end;
sqlQuery.Close;
sqlTransaction.Commit;
...
```

6.2 Daten einfügen

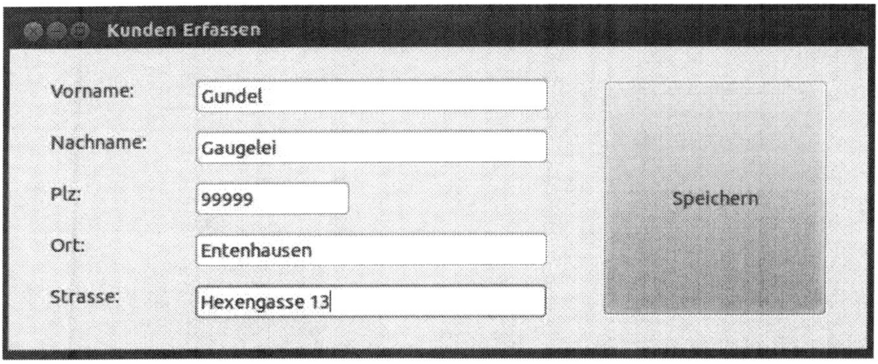


```
...
procedure TForm1.btnSpeichernClick(Sender: TObject);
begin
  mysqlConnection.HostName := '192.168.178.21';
  ...
  sqlQuery.DataBase := mysqlConnection;
  sqlQuery.Transaction := sqlTransaction;

  sqlTransaction.StartTransaction;
  sqlQuery.SQL.Clear;
  sqlQuery.SQL.Add ('INSERT INTO kunden (vname, nname, plz, ort, ' +
             'strasse) VALUES (:VNAME, :NNAME, :PLZ, :ORT, :STR);');
  sqlQuery.ParamByName('VNAME').AsString := txtVorname.Caption;
  sqlQuery.ParamByName('NNAME').AsString := txtNachname.Caption;
  sqlQuery.ParamByName('PLZ').AsString := txtPlz.Caption;
  sqlQuery.ParamByName('ORT').AsString := txtOrt.Caption;
  sqlQuery.ParamByName('STR').AsString := txtStrasse.Caption;
```

```
  sqlQuery.ExecSQL;
  sqlQuery.Close;
  sqlTransaction.Commit;
end;
...
```

6.3 Daten ändern

```
...
  sqlQuery.SQL.Clear;

  sqlQuery.SQL.Add ('UPDATE kunden ' +
                    'SET strasse = :STR WHERE kundennr = :ID;');
  sqlQuery.ParamByName('STR').AsString := 'Stadtrand 123';
  sqlQuery.ParamByName('ID').AsInteger := 6;

  sqlQuery.ExecSQL;
  sqlQuery.Close;
  sqlTransaction.Commit;
...
```

6.4 Daten löschen

```
...
  sqlQuery.SQL.Clear;

  sqlQuery.SQL.Add ('DELETE FROM kunden WHERE kundennr = :ID;');
  sqlQuery.ParamByName('ID').AsInteger := 6;

  sqlQuery.ExecSQL;
  sqlQuery.Close;
  sqlTransaction.Commit;
...
```

Bitte beachten Sie, dass für kritische Anweisungen – wie beispielsweise der Verbindungsaufbau zu einer Datenbank - grundsätzlich ein *Exception*-Handling sinnvoll ist.

In den hier aufgeführten Beispielen, wurde der Übersichtlichkeit wegen darauf verzichtet. Weitere Informationen zum *Exception-Handling* finden Sie ab Seite 85.

7 Anhang

7.1 Lazarus Packages

Ein *Lazarus* Package enhält eine Sammlung von *Units* und Komponenten, die von Projekten und anderen Packages oder von der IDE selbst genutzt werden können.

7.1.1 Installation

Wie Sie bereits bei der Netzwerk-Programmierung (Seite 136) gesehen haben, verfügt *Lazarus* nicht von Anfang an über alle Funktionalitäten. Oft muss – wie in diesem Fall das *lNet*-Package, ein Package nachinstalliert werden. *Lazarus* Packages haben die Endung *.lpk*.

Besorgen Sie sich das gewünschte Package und legen Sie es in einem Unterverzeichnis unterhalb des *components*-Verzeichnisses Ihrer *Lazarus*-Installation ab.

Beispielsweise unter Linux:
/usr/lib/lazarus/1.8.2/components/mypackagename

unter Windows:

C:\MyPrograms\Lazarus\1.8.2\Components\MyPackageName

Starten Sie die Lazarus-IDE. Unter Linux sollten Sie beachten, dass die IDE im Admin-Modus gestartet wird. (*sudo lazarus-ide*).

Um das Package zu installieren, gehen Sie auf *Package -> Packagedatei (.lpk) öffnen*. Im folgenden Dialog navigieren Sie zum Verzeichnis in dem das neue Package abgelegt wurde und wählen die Datei mit der Endung *.lpk* aus.

Wenn alles wie geplant läuft, werden Sie den *Packagemanager* sehen. Der *Packagemanager* zeigt eine Baumansicht mit den Dateien im *Package* sowie den benötigten *Packages*.

Drücken Sie jetzt *Kompilieren*, wenn die Komponente nicht in die IDE installiert werden soll, andernfalls drücken Sie *Installieren* (dies beinhaltet die Kompilierung).

Unter Umständen erhalten Sie eine Warnung, dass *Lazarus* nur statisch gelinkte Bibliotheken unterstützt und die Frage, ob Sie *Lazarus* neu erstellen wollen. Drücken Sie einfach *Ja* und lehnen Sie sich zurück.

Die Lazarus-IDE wird neu erstellt, und abhängig von Ihrer Konfiguration neu gestartet.

7.1.2 Package-Übersicht

Einige Packages sind hier aufgelistet:

Package	**Beschreibung**
ACS	Audio Component Suite, eine Sammlung von Komponenten zur Entwicklung von Anwendungen zum Abspielen, Aufnehmen und Bearbeiten von Audios. Wiedergabe von *wav*, *ogg*, *mp3*, *mp2*, *wma* ... Aufnahme von jeder verfügbaren Audioquelle, das alles simultan, Ripping und mehr.
Bluetooth	Zugriff auf Bluetooth-Geräte.
TAChart	Eine Komponente zum Erstellen von Graphen und Diagrammen.

Package	Beschreibung
FpSpreadSheet	Erzeugung und Zugriff auf Excel-, Calc- und CSV-Dateien
RichMemo	Memofeld mit erweiterten Funktionen.
MultiLog	Ein Log-System, entworfen für FPC-Lazarus
log4delphi	Ein Log-System basierend auf *log4j*
ZipFile	Komponente, die eine Zip-Datei kapselt, gewährt Lese- und Schreibzugriff wie bei einem Dateisystem.
PowerPDF	Portierung der *PowerPDF* (visuell) Komponente für Lazarus
lNet	Netzwerk-Suite mit Protokollen von TCP und UDP bis zu SMTP und HTTP.
Synapse	Netzwerk-Suite mit TCP-Protokollen (FTP, HTTP, SMTP) und seriellen Verbindungen
TWHForm2HTML	Formular zu HTML-Konverter

Weitere Packages finden Sie auf der folgenden Seite im Internet:

http://wiki.freepascal.org/Components_and_Code_examples/de

7.2 Exception-Klassen

Exception-Klasse	Ausnahme
`Exception`	Base class
`EAbort`	Abort without dialog box
`EAbstractError`	Abstract method error
`AssertionFailed`	Assert call failed
`EBitsError`	Boolean array error
`ECommonCalendarError`	Calendar calc error
`EDateTimeError`	DateTime calc error
`EMonthCalError`	Month calc error
`EConversionError`	Raised by Convert
`EConvertError`	Object convert error
`EDatabaseError`	Database error
`EExternal`	Hardware/Windows error
`EAccessViolation`	Access violation
`EControlC`	User abort occured
`EExternalException`	Other Internal error
`EIntError`	Integer calc error
`EDivByZero`	Divide by zero
`EIntOverflow`	Integer overflow
`ERangeError`	Out of value range
`EMathError`	Floating point error
`EInvalidArgument`	Bad argument value
`EInvalidOp`	Inappropriate operation
`EOverflow`	Value too large
`EUnderflow`	Value too small

Exception-Klasse	Ausnahme
EZeroDivide	Divide by zero
EStackOverflow	Severe Delphi problem
EHeapException	Dynamic memory problem
EInvalidPointer	Bad memory pointer
EOutOfMemory	Cannot allocate memory
EInOutError	IO error
EInvalidCast	Object casting error
EInvalidOperation	Bad component op
EMenuError	Menu item error
EOSError	Operating system error
EParserError	Parsing error
EPrinter	Printer error
EPropertyError	Class property error
EPropReadOnly	Invalid property access
EPropWriteOnly	Invalid property access
EThread	Thread error
EVariantError	Variant problem

7.3 Übungen

7.3.1 Übung 1

Aufgabe

Erstellen Sie eine GUI-Anwendung, die entscheidet, ob eine eingegebene Zahl positiv, negativ oder Null ist.

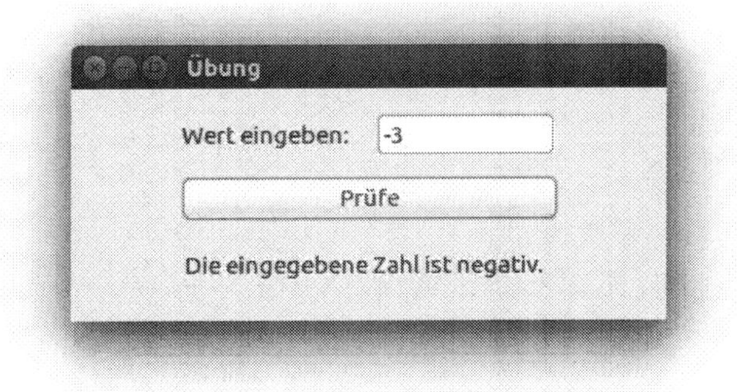

Verwenden Sie hierfür folgende Steuerelemente:

- *lblEingabe* (Label)
- *txtEingabe* (TextBox)
- *lblAusgabe* (Label)
- *btnPruefe* (Button)

Beachten Sie, dass unter Umständen in das Textfeld auch Eingaben vorgenommen werden, die keine Zahlenwerte darstellen. In diesem Fall, soll *lblAusgabe* den Text *Fehlerhafte Eingabe* anzeigen.

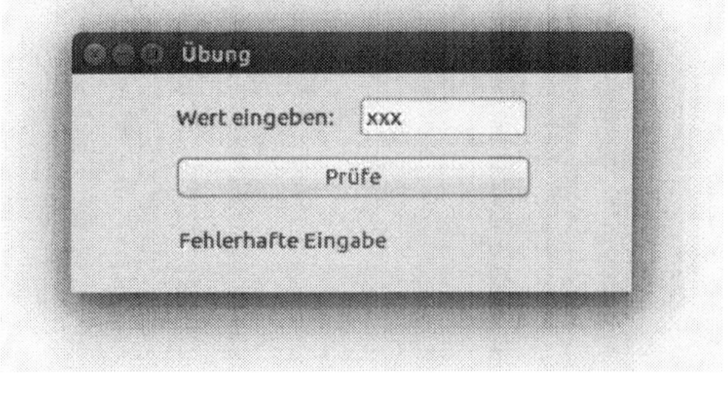

7.3.2 Übung 2

Aufgabe

Erstellen Sie eine GUI-Anwendung, die aus Startkapital, Zinssatz und Laufzeit das Zielkapital errechnet.

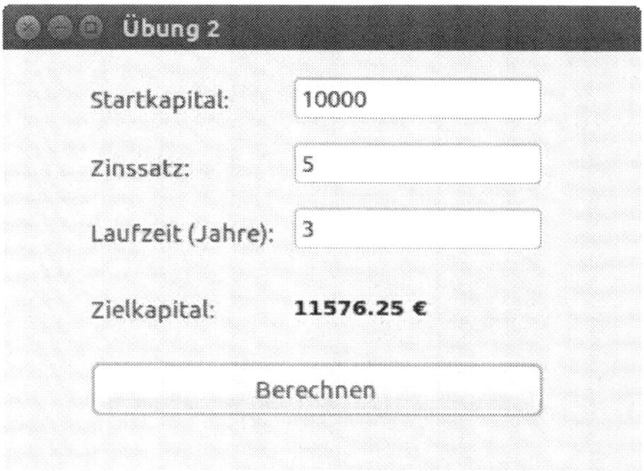

Verwenden Sie hierfür folgende Steuerelemente:

- *lblStartkapital* (Label)
- *txtStartkapital* (TextBox)
- *lblZinssatz* (Label)
- *txtZinssatz* (TextBox)
- *lblLaufzeit* (Label)
- *txtLaufzeit* (TextBox)
- *lblZielkapital* (Label)
- *lblAusgabe* (Label)
- *btnRechnen* (Button)

Beachten Sie, dass unter Umständen in die Textfelder auch Eingaben vorgenommen werden, die keine Zahlenwerte darstellen. In diesem Fall, soll *lblAusgabe* den Text *Fehlerhafte Eingabe* anzeigen.

7.3.3 Übung 3

Aufgabe

Erstellen Sie ein Programm, das auf Basis einer Radiusangabe den Kreisumfang und die Kreisfläche berechnet.

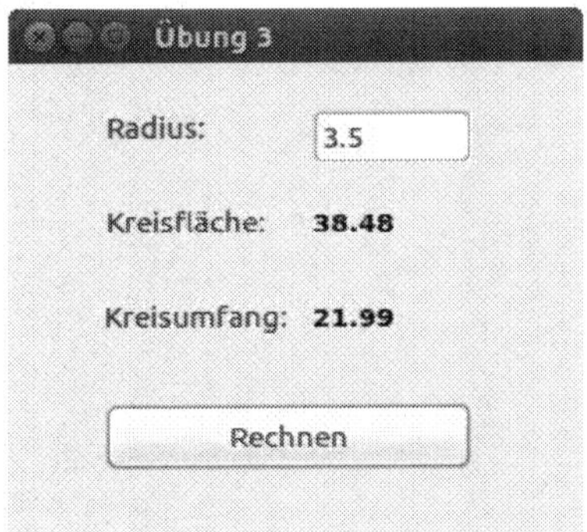

Verwenden Sie dazu die selbstgefertigte Unit *MyMath* (siehe Seite 89). Kopieren Sie hierfür die Datei *MyMath.pas* in Ihr Projektverzeichnis für diese Übung.

7.3.4 Übung 4

Aufgabe

Erstellen Sie eine GUI-Anwendung, auf Basis der Lösung von Übung 2 Zinsrechner. Verwenden Sie für die Eingabe von Zinssatz und Laufzeit anstelle von zwei *TextBoxen* nun zwei *ComboBoxen*.

Verwenden Sie hierfür folgende Steuerelemente:

- *lblStartkapital* (Label)
- *txtStartkapital* (Textbox)
- *lblZinssatz* (Label)
- *cmbZinssatz* (ComboBox)
- *lblLaufzeit* (Label)
- *cmbLaufzeit* (ComboBox)
- *lblZielkapital* (Label)
- *lblAusgabe* (Label)
- *btnRechnen* (Button)

Füllen Sie *cmbZinssatz* mit „3,00", „4,00", „4,50", „5,00", „6,00" und *cmbLaufzeit* mit den Jahren 1 bis 7.

Bei fehlerhaften Eingaben soll eine *MessageBox* mit einem *Error*-Icon erscheinen.

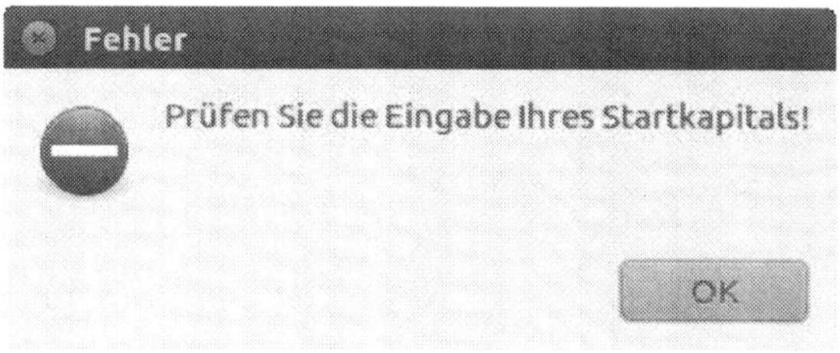

7.4 Lösungen

7.4.1 Übung 1

```
...
var
  Form1: TForm1;
  zahl: integer;

implementation
{$R *.lfm}
{ TForm1 }

procedure TForm1.btnPruefeClick(Sender: TObject);
begin
   try
     zahl := StrToInt(txtEingabe.Text);
     if(zahl<0) then
       lblAusgabe.Caption := 'Die eingegeb. Zahl ist negativ.';
     if(zahl>0) then
       lblAusgabe.Caption := 'Die eingegeb. Zahl ist positiv.';
     if(zahl=0) then
       lblAusgabe.Caption := 'Die eingegebene Zahl ist Null.';
  except on EconvertError
  do
    lblAusgabe.Caption := 'Fehlerhafte Eingabe';
  end;
end;
...
```

7.4.2 Übung 2

```
...
uses
  Classes, SysUtils, FileUtil, Forms, Controls, Graphics,
  Dialogs, StdCtrls, Math;
...
var
  frmUebung2: TfrmUebung2;
  kapital, kapitalneu, zinssatz: double;
  i, jahre: integer;

implementation
{$R *.lfm}
{ TfrmUebung2 }

procedure TfrmUebung2.btnRechnenClick(Sender: TObject);
begin
  try
     kapital := StrToFloat(txtStartkapital.Text);
     zinssatz := StrToFloat(txtZinssatz.Text);
     jahre := StrToInt(txtLaufzeit.Text);
     for i:=1 to jahre do
     begin
        kapitalneu := kapital + (zinssatz / 100) * kapital;
        kapital := kapitalneu;
     end;
     kapital := RoundTo(kapital, -2);
     lblAusgabe.Caption := FloatToStr(kapital) + ' €';
  except lblAusgabe.Caption := ' Fehlerhafte Eingabe';
end;
...
```

7.4.3 Übung 3

```
...
uses
    Classes, SysUtils, FileUtil, Forms, Controls, Graphics,
    Dialogs, StdCtrls, Math, MyMath;
...
var
  frmMain: TfrmMain;
  radius, flaeche, umfang: double;

implementation
{$R *.lfm}
{ TfrmUebung2 }

procedure TfrmMain.btnRechnenClick(Sender: TObject);
begin
  try
     radius := StrToFloat(txtRadius.Text);
     flaeche := RoundTo(Kreisflaeche(radius), -2);
     umfang := RoundTo(Kreisumfang(radius), -2);
     lblKreisflaeche.Caption := FloatToStr(flaeche);
     lblKreisumfang.Caption := FloatToStr(umfang);
  except
     lblKreisflaeche.Caption := 'Fehlerhafte';
     lblKreisumfang.Caption := 'Eingabe';
  end;
end;
...
```

7.4.4 Übung 4

```
...
uses
 Classes, SysUtils, FileUtil, Forms, Controls, Graphics, Dialogs,
 StdCtrls, Math;

type
 { TfrmUebung4 }
 TfrmUebung4 = class(TForm)
   btnRechnen: Tbutton;
   cmbZinssatz: TcomboBox;
   cmbLaufzeit: TcomboBox;
   Label1: Tlabel;
   lblAusgabe: Tlabel;
   lblLaufzeit: Tlabel;
```

```
    lblZinssatz: Tlabel;
    txtStartkapital: Tedit;
    lblStartkapital: TLabel;
    procedure btnRechnenClick(Sender: TObject);
  private
    { private declarations }
  public
    { public declarations }
  end;

var
  frmUebung4: TfrmUebung4;
  kapital, kapitalneu, zinssatz: double;
  i, jahre: integer;

implementation
{$R *.lfm}
{ TfrmUebung4 }
...

procedure TfrmUebung4.btnRechnenClick(Sender: TObject);
begin
  try
    kapital := StrToFloat(txtStartkapital.Text);
    zinssatz := StrToFloat(cmbZinssatz.Caption);
    jahre := StrToInt(cmbLaufzeit.Caption);
    for i:=1 to jahre do
    begin
      kapitalneu := kapital + (zinssatz/100)*kapital;
      kapital := kapitalneu;
    end;
    kapital := roundto(kapital, -2);
    lblAusgabe.Caption := FloatToStr(kapital) + ' Euro';
  except
    begin
      MessageDlg('Fehler',
                 'Prüfen Sie die Eingabe Ihres Startkapitals!',
                 mtError,
                 [mbOK],
                 0)
    end;
  end;
end;
...
```

8 Stichwortverzeichnis

W

Z

9 Über den Autor

Peter Wolfinger ist ein staatl. gepr. Wirtschaftsinformatiker und zert. Berufsausbilder und seit über 30 Jahren in der Software-Entwicklung tätig.

Parallel dazu bildet Wolfinger seit 2010 junge Menschen im Ausbildungsberuf Fachinformatiker aus und betreut Studierende im Studiengang Wirtschaftsinformatik.

Mit der Softwareentwicklung begonnen hat Wolfinger in den 1980er Jahren mit der Entwicklung betriebswirtschaftlicher Anwendungen zunächst in der Programmiersprache Cobol später in ANSI-C und Clipper.

Im weiteren Verlauf seiner beruflichen Tätigkeit war er für einen weltweit agierenden Hersteller von Storage-Systemen und HSM-Lösungen sowie für ein großes Handelsunternehmen jeweils als Software-Entwickler und Projektleiter für diverse technische und betriebswirtschaftliche IT-Projekte tätig. Darüber hinaus konnte er in einem dieser Unternehmen als Qualitätsmanager (QMB) für Software-Produkte weitere Erfahrungen sammeln.

Seit 2017 widmet sich Wolfinger ausschließlich der Ausbildung junger Menschen im IT-Bereich und gibt seinen reichhaltigen Erfahrungsschatz aus vielen Programmiersprachen und Systemumgebungen an die zukünftigen IT-Fachkräfte weiter.

Der Autor hat bisher folgende Bücher veröffentlicht:

ISBN	Titel
979-8648841307	Informationstechnologie – Essentials
978-1980447818	IT-Projektmanagement – Essentials
979-8635974599	IT-Infrastruktur & Netzwerk – Essentials
979-8409394592	IT-Sicherheit – Compact
978-1717972835	Linux – Essentials
978-1089323976	Datenbanken und SQL – Essentials
978-1730868979	Oracle PL/SQL – Compact
978-1983045080	Lazarus – Essentials
978-1724131997	Python 3 – Essentials
978-1976736346	ANSI C – QuickSteps
978-1093115895	Java – Essentials
978-1692302641	C# – Essentials
979-8733461656	COBOL – Essentials
978-1980955245	ARDUINO – Essentials
978-1794484337	Raspberry PI – Essentials in IoT
979-8584199913	HTML5 und CSS3 – Essentials
978-1097836352	Node.js – Compact
978-1654051037	Android Studio – Essentials
979-8565207330	Machine Learning – Compact
979-8619452501	DSGVO – Compact

Alle Bücher können über *Amazon* bezogen werden und sind sowohl als Taschenbuch als auch als Kindle-Version verfügbar.

Printed in Poland
by Amazon Fulfillment
Poland Sp. z o.o., Wrocław

29221113R00104